LE MALADE IMAGINAIRE

MOLIÈRE

Le Malade imaginaire

MOLIÈRE
(1622-1673)

Jean-Baptiste Poquelin, fils d'un tapissier hono-
raire du roi, est baptisé le 15 janvier 1622. Les
Poquelin sont des bourgeois aisés. Jean-Baptiste, dont la mère meurt lorsqu'il a dix ans, est
éduqué chez les Jésuites, dans le meilleur collège de France. Puis il entreprend des études de
droit. En 1637, il prête serment pour recueillir
la charge de son père. Mais il rencontre Madeleine Béjart. Elle a trente ans, il en a vingt. Elle
est actrice. Lorsque la famille Béjart fonde, en
1643, *l'Illustre Théâtre*, Jean-Baptiste Poquelin
s'associe avec eux, et renonce à la succession
paternelle.

Il devient rapidement le responsable de la
troupe, et prend le nom de Molière en
août 1644. La troupe joue à Paris. Mais les
affaires sont mauvaises. Molière, en 1645, est
même emprisonné pour dettes. Libéré, il part
pour la province où il tournera treize années
pendant lesquelles, jouant des tragédies,
composant des comédies — aujourd'hui per-
dues —, il apprendra les ressorts du théâtre et
de la nature humaine, protégé notamment du
prince de Conti, troisième personnage du
royaume, jusqu'à ce que ce dernier, devenu
dévot, lui retire son soutien.

En 1658, sous le patronage de Monsieur, frère du roi, il donne devant Louis XIV *Nicomède* de Corneille, une tragédie qui ennuie le souverain, et *Le Docteur amoureux*, une comédie qui le fait rire aux éclats. Sa Majesté autorise la troupe à s'installer dans une salle parisienne, où elle joue des tragédies de Corneille qui remportent moins de succès que les comédies écrites par Molière : ainsi, *Les Précieuses ridicules* (1659) sont-elles un triomphe. Succèdent *Sganarelle* (où Molière reprend les « recettes » de la *commedia dell'arte*) puis *L'École des maris*, *L'Amour médecin*... Sa troupe s'est installée salle du Palais-Royal, l'actuelle Comédie-Française.

Le 20 février 1662, il épouse Armande Béjart, la fille de Madeleine. Pour elle, il écrira ses plus beaux rôles féminins. Ses succès, notamment avec *L'École des femmes* (1662), font des envieux. On l'accuse d'obscénité, on l'attaque sur sa vie privée. La réplique du roi, qui pensionne Molière, est cinglante : il décide d'être le parrain de Louis, fils de Molière et d'Armande Béjart, en février 1664. La Cour se tait. Car Molière a la faveur du roi, qu'il amuse. Mais le roi vieillit, et se rapproche du parti dévot. Il retire, devant le mécontentement de la Cour, son soutien à Molière, et interdit *Tartuffe* en 1664. Triste symbole : Louis, le petit filleul royal, meurt la même année. La pièce *Dom Juan*, l'année suivante, doit être retirée de l'affiche avant que le roi ne l'ait vue. Racine, pourtant ami de Molière et dont la troupe répète une pièce, la retire, pour la donner à une troupe concurrente.

Molière tombe malade. Et écrit, rendu amer par ces épreuves, *Le Misanthrope* (1666). En 1667, il parvient à faire rejouer *Tartuffe*. La pièce est aussitôt interdite. L'archevêque de Paris menace d'excommunication ceux qui représenteront, liront ou écouteront la pièce. Le roi, le 5 février 1669, l'autorise pourtant : c'est un triomphe.

Mais Molière, usé par les tracas, les cabales injustes et les ennuis de santé reste profondément blessé. Sa vie conjugale est un échec. Armande lui est infidèle. Il pardonne. Nouveaux triomphes, en 1670, avec *Le Bourgeois gentilhomme*, en 1672 avec *Les Femmes savantes*. Molière le saltimbanque devient riche. Mais la mort guette : c'est d'abord Madeleine Béjart, la vieille maîtresse, mère d'Armande, complice de ses débuts, qui s'en va. Puis Pierre, un fils qui ne vit qu'un mois. Écarté de la Cour par Lulli, rongé par la maladie (sans doute la tuberculose), Molière monte *Le Malade imaginaire*. Le public, qui lui est resté fidèle, accourt le 17 février 1673. Bien qu'épuisé, Molière refuse de remettre la représentation. À la fin du spectacle, il est pris de convulsions. Il meurt dans la soirée.

L'Église, qui ne lui a jamais pardonné de s'être moqué d'elle, refuse qu'il soit enterré dans un cimetière catholique. Il faut que Louis XIV intervienne pour que l'auteur le plus comique de la littérature française soit enfin inhumé dans un endroit réservé aux non-baptisés.

Le Malade imaginaire, la dernière pièce de Molière, a été écrit au milieu des chagrins et des soucis... Molière, qui n'a plus que quelques mois à vivre, voit mourir Madeleine Béjart, qui a fidèlement lié sa carrière à la sienne depuis la fondation de la troupe de l'Illustre-Théâtre, en 1643 ; puis son dernier fils, nouveau-né, meurt en octobre 1672. Et pourtant — miracle de l'art —, la pièce qu'il écrit dans ces pénibles circonstances, est d'une vivacité décapante : un véritable divertissement. Comédie-ballet en trois actes et en prose, à l'instar du *Bourgeois gentilhomme* créé en 1670, *Le Malade imaginaire* comporte un Prologue pastoral et divers intermèdes musicaux faisant intervenir des chanteurs, des musiciens et des danseurs. Mais Jean-Baptiste Lully, pour cette fois, n'est pas de la partie : au sommet de sa gloire officielle, le musicien s'était mis à exiger le monopole d'impression de tous les ouvrages pour lesquels il écrivait une musique de scène. C'est donc Marc-Antoine Charpentier qui signa celle du *Malade imaginaire*.

Dans cette pièce, Molière vise une double cible. Il s'attaque, d'une part, à l'énorme ignorance des médecins de son temps, si arrogants dans leur ignorance même! et à leur prétendu savoir, qu'il n'est pas loin de considérer comme un charlatanisme officiel, qu'ils abritent derrière leur imposante robe noire, leur grand chapeau pointu, leur mine pontifiante et leur inqualifiable jargon en latin. On a relevé qu'en 1672, alors que Molière écrivait sa pièce, la Faculté débattait et acceptait *encore* des thèses qui niaient le principe de la circulation sanguine, pourtant découverte presque un demi-siècle plus tôt par Harvey!...

D'autre part — cible complémentaire —, à travers le personnage d'Argan, le malade imaginaire, notre auteur ridiculise nombre de patients, qui ont une confiance aveugle, quasi religieuse, en ces médecins prétentieux, d'une ignorance crasse, lesquels, bien loin de pouvoir les guérir, ne font, dans bien des cas, qu'aggraver leur maladie, souvent bénigne au départ, ou même... inexistante!

Molière veut nous montrer jusqu'où peut aller une manie — ici, l'obsession de la maladie — et quels ravages elle peut exercer, non seulement sur le caractère du maniaque mais aussi sur son entourage. Nous avons là une admirable peinture de moeurs, émaillée de profondes observations sur les éternelles petites misères de la nature humaine (voir, partout, les propos du frère d'Argan, le sage Béralde, et de la servante Toinette, si pleine de bon sens). Mais, voulant toujours nous instruire en nous *divertissant*, Molière équilibre ce volet sérieux par un volet farcesque énorme : Toinette lui ayant fait la leçon, Argan court frénétiquement après elle, autour de son fauteuil de « malade », son bâton tournoyant en l'air, pour l'assommer, et Toinette de courir, chapitrant toujours son maître!.. Argan, purgé par M. Fleurant, l'apothicaire, ne cesse de courir, pour se soulager, de son fauteuil vers le « bassin » salutaire...

L'intrigue obéit à un schéma qui n'est pas sans rappeler celui du *Bourgeois gentilhomme* : M. Jourdain est obsédé par la noblesse, Argan par sa santé. Il fait lui aussi obstacle au mariage de sa fille, Angélique, qui veut épouser Cléante, et il menace de l'enfermer au couvent si elle refuse de prendre pour mari le pédantissime docteur Diafoirus fils, dont il espère les soins quotidiens à domicile! Au terme de multiples péripéties, provoquées par Toinette déguisée en docteur, Argan acceptera, en fin de compte, le mariage souhaité par sa fille, et, pour être sûr d'être toujours bien soigné, il décidera de se faire... médecin. Ce qui donnera lieu à une cérémonie d'initiation (voir l'intermède final) d'une bouffonnerie sans limite.

La pièce est créée au Palais-Royal, le 10 février 1673. Molière, quoique très souffrant, tient lui-même le rôle principal. Le 17, au cours de la quatrième représentation, devant une salle comble, il a une attaque, qu'il dissimule dans des grimaces. À peine transporté chez lui, l'immense artiste expire. Il portait encore le costume d'Argan...

LE MALADE IMAGINAIRE

COMÉDIE

MÊLÉE DE MUSIQUE ET DE DANSES
REPRÉSENTÉE POUR LA PREMIÈRE FOIS
SUR LE THÉÂTRE DE LA SALLE DU PALAIS-ROYAL
LE 10 FÉVRIER 1673
PAR LA

TROUPE DU ROI

PERSONNAGES

ARGAN, malade imaginaire
BÉLINE, seconde femme d'Argan.
ANGÉLIQUE, fille d'Argan, et amante de
Cléante.
LOUISON, petite-fille d'Argan, et sœur d'Angé-
lique.
BÉRALDE, frère d'Argan.
CLÉANTE, amant d'Angélique.
MONSIEUR DIAFOIRUS, médecin.
THOMAS DIAFOIRUS, son fils, et amant
d'Angélique.
MONSIEUR PURGON, médecin d'Argan.
MONSIEUR FLEURANT, apothicaire.
MONSIEUR BONNEFOY, notaire.
TOINETTE, servante.

La scène est à Paris.

LE PROLOGUE

Après les glorieuses fatigues et les exploits victorieux de notre auguste monarque, il est bien juste que tous ceux qui se mêlent d'écrire travaillent ou à ses louanges, ou à son divertissement. C'est ce qu'ici l'on a voulu faire, et ce prologue est un essai des louanges de ce grand prince, qui donne entrée à la comédie du *Malade imaginaire*, dont le projet a été fait pour le délasser de ses nobles travaux.

La décoration représente un lieu champêtre fort agréable.

ÉGLOGUE
EN MUSIQUE ET EN DANSE

FLORE, PAN, CLIMÈNE, DAPHNÉ, TIRCIS, DORILAS, DEUX ZÉPHIRS, TROUPE DE BERGÈRES ET DE BERGERS.

FLORE

Quittez, quittez vos troupeaux,
Venez, Bergers, venez, Bergères,
Accourez, accourez sous ces tendres ormeaux :
Je viens vous annoncer des nouvelles bien chères,
Et réjouir tous ces hameaux.
Quittez, quittez vos troupeaux,
Venez, Bergers, venez, Bergères,
Accourez, accourez sous ces tendres ormeaux.

CLIMÈNE ET DAPHNÉ

Berger, laissons là tes feux,

Voilà Flore qui nous appelle.

TIRCIS ET DORILAS
Mais au moins dis-moi, cruelle,

TIRCIS
Si d'un peu d'amitié tu payeras mes vœux ?

DORILAS
Si tu seras sensible à mon ardeur fidèle ?

CLIMÈNE ET DAPHNÉ
Voilà Flore qui nous appelle.

TIRCIS ET DORILAS
Ce n'est qu'un mot, un mot, un seul mot que je veux.

TIRCIS
Languirai-je toujours dans ma peine mortelle ?

DORILAS
Puis-je espérer qu'un jour tu me rendras heureux ?

CLIMÈNE ET DAPHNÉ
Voilà Flore qui nous appelle.

ENTRÉE DE BALLET

Toute la troupe des Bergers et des Bergères va se placer en cadence autour de Flore.

CLIMÈNE
Quelle nouvelle parmi nous,

Déesse, doit jeter tant de réjouissance ?

DAPHNÉ
Nous brûlons d'apprendre de vous
Cette nouvelle d'importance.

DORILAS
D'ardeur nous en soupirons tous.

TOUS
Nous en mourons d'impatience.

FLORE
La voici : silence, silence !
Vos vœux sont exaucés, LOUIS est de retour,
Il ramène en ces lieux les plaisirs et l'amour,
Et vous voyez finir vos mortelles alarmes.
Par ses vastes exploits son bras voit tout soumis :
Il quitte les armes,
Faute d'ennemis.

TOUS
Ah ! quelle douce nouvelle !
Qu'elle est grande ! qu'elle est belle !
Que de plaisirs ! que de ris ! que de jeux !
Que de succès heureux !
Et que le Ciel a bien rempli nos vœux !
Ah ! quelle douce nouvelle !
Qu'elle est grande, qu'elle est belle !

ENTRÉE DE BALLET
Tous les Bergers et Bergères
expriment par des danses les
transports de leur joie.

FLORE
De vos flûtes bocagères
Réveillez les plus beaux sons :

*Louis offre à vos chansons
La plus belle des matières.
Après cent combats,
Où cueille son bras
Une ample victoire,
Formez entre vous
Cent combats plus doux,
Pour chanter sa gloire.*

TOUS

*Formons entre nous
Cent combats plus doux,
Pour chanter sa gloire.*

FLORE

*Mon jeune amant, dans ce bois,
Des présents de mon empire
Prépare un prix à la voix
Qui saura le mieux nous dire
Les vertus et les exploits
Du plus auguste des rois.*

CLIMÈNE

Si Tircis a l'avantage,

DAPHNÉ

Si Dorilas est vainqueur,

CLIMÈNE

A le chérir je m'engage.

DAPHNÉ

Je me donne à son ardeur.

TIRCIS

O très chère espérance !

Dorilas

O mot plein de douceur !

Tous deux

Plus beau sujet, plus belle récompense
Peuvent-ils animer un cœur ?

Les violons jouent un air pour animer les deux Bergers au combat, tandis que Flore, comme juge, va se placer au pied de l'arbre, avec deux zéphirs, et que le reste, comme spectateurs, va occuper les deux coins du théâtre.

Tircis

Quand la neige fondue enfle un torrent fameux,
Contre l'effort soudain de ses flots écumeux
Il n'est rien d'assez solide ;
Digues, châteaux, villes et bois,
Hommes et troupeaux à la fois,
Tout cède au courant qui le guide :
Tel, et plus fier, et plus rapide,
Marche LOUIS dans ses exploits.

BALLET

Les Bergers et Bergères de son côté dansent autour de lui, sur une ritournelle, pour exprimer leurs applaudissements.

Dorilas

Le foudre menaçant, qui perce avec fureur
L'affreuse obscurité de la nue enflammée,
Fait d'épouvante et d'horreur
Trembler le plus ferme cœur :

Mais à la tête d'une armée
Louis jette plus de terreur.

BALLET

> *Les Bergers et Bergères de son*
> *côté font de même que les autres.*

TIRCIS

Des fabuleux exploits que la Grèce a chantés,
Par un brillant amas de belles vérités
Nous voyons la gloire effacée,
Et tous ces fameux demi-dieux
Que vante l'histoire passée
Ne sont point à notre pensée
Ce que LOUIS est à nos yeux.

BALLET

> *Les Bergers et Bergères de son*
> *côté font encore la même chose.*

DORILAS

Louis fait à nos temps, par ses faits inouïs,
Croire tous les beaux faits que nous chante
l'histoire
Des siècles évanouis :
Mais nos neveux, dans leur gloire,
N'auront rien qui fasse croire
Tous les beaux faits de LOUIS.

BALLET

> *Les Bergers et Bergères de son*
> *côté font encore de même, après*
> *quoi les deux partis se mêlent.*

PAN , *suivi des Faunes.*

Laissez, laissez, Bergers, ce dessein téméraire.

Hé ! que voulez-vous faire ?
Chanter sur vos chalumeaux
Ce qu'Apollon sur sa lyre,
Avec ses chants les plus beaux,
N'entreprendrait pas de dire,
C'est donner trop d'essor au feu qui vous inspire,
C'est monter vers les cieux sur des ailes de cire,
Pour tomber dans le fond des eaux.

Pour chanter de LOUIS l'intrépide courage,
Il n'est point d'assez docte voix,
Point de mots assez grands pour en tracer l'image :
Le silence est le langage
Qui doit louer ses exploits.
Consacrez d'autres soins à sa pleine victoire ;
Vos louanges n'ont rien qui flatte ses désirs ;
Laissez, laissez là sa gloire,
Ne songez qu'à ses plaisirs.

TOUS

Laissons, laissons là sa gloire,
Ne songeons qu'à ses plaisirs.
Bien que, pour étaler ses vertus immortelles,
La force manque à vos esprits,
Ne laissez pas tous deux de recevoir le prix :
Dans les choses grandes et belles
Il suffit d'avoir entrepris.

ENTRÉE DE BALLET

Les deux zéphirs dansent avec deux couronnes de fleurs à la main, qu'ils viennent ensuite donner aux deux bergers.

CLIMÈNE ET DAPHNÉ , *en leur donnant la main.*

Dans les choses grandes et belles
Il suffit d'avoir entrepris.

TIRCIS ET DORILAS

Ah ! que d'un doux succès notre audace est suivie !
Ce qu'on fait pour LOUIS, on ne le perd jamais.

LES QUATRE AMANTS

Au soin de ses plaisirs donnons-nous désormais.

FLORE ET PAN

Heureux, heureux qui peut lui consacrer sa vie !

TOUS

Joignons tous dans ces bois
Nos flûtes et nos voix,
Ce jour nous y convie ;
Et faisons aux échos redire mille fois :
« LOUIS est le plus grand des rois ;
Heureux, heureux qui peut lui consacrer sa vie ! »

DERNIÈRE ET GRANDE ENTRÉE
DE BALLET

Faunes, Bergers et Bergères,
tous se mêlent, et il se fait entre
eux des jeux de danse, après quoi
ils se vont préparer pour la Comé-
die.

AUTRE PROLOGUE

Le théâtre représente une forêt.

L'ouverture du théâtre se fait par un bruit agréable d'instruments. Ensuite une Bergère vient se plaindre tendrement de ce qu'elle ne trouve aucun remède pour soulager les peines qu'elle endure. Plusieurs Faunes et Ægipans, assemblés pour des fêtes et des jeux qui leur sont particuliers, rencontrent la Bergère. Ils écoutent ses plaintes et forment un spectacle très divertissant.

PLAINTES DE LA BERGÈRE

Votre plus haut savoir n'est que pure chimère,
*   Vains et peu sages médecins ;*
Vous ne pouvez guérir par vos grands mots latins
*   La douleur qui me désespère :*
Votre plus haut savoir n'est que pure chimère.

*   Hélas ! je n'ose découvrir*
*   Mon amoureux martyre*
*   Au Berger pour qui je soupire,*
*   Et qui seul peut me secourir.*
*   Ne prétendez pas le finir,*
Ignorants médecins, vous ne sauriez le faire :
Votre plus haut savoir n'est que pure chimère.

Ces remèdes peu sûrs dont le simple vulgaire
Croit que vous connaissez l'admirable vertu,
Pour les maux que je sens n'ont rien de salutaire ;
Et tout votre caquet ne peut être reçu
*   Que d'un Malade imaginaire.*

Votre plus haut savoir n'est que pure chimère,
Vains et peu sages médecins ;
Vous ne pouvez guérir par vos grands mots latins
La douleur qui me désespère :
Votre plus haut savoir n'est que pure chimère.

Le théâtre change et représente
une chambre.

ACTE PREMIER

SCÈNE I

ARGAN, *seul dans sa chambre assis, une table devant lui, compte des parties d'apothicaire avec des jetons ; il fait, parlant à lui-même, les dialogues suivants.* — Trois et deux font cinq, et cinq font dix, et dix font vingt. Trois et deux font cinq. « Plus, du vingt-quatrième, un petit « clystère insinuatif, préparatif, et rémollient, « pour amollir, humecter, et rafraîchir les « entrailles de Monsieur. » Ce qui me plaît de Monsieur Fleurant, mon apothicaire, c'est que ses parties sont toujours fort civiles : « les « entrailles de Monsieur, trente sols ». Oui, mais, Monsieur Fleurant, ce n'est pas tout que d'être civil, il faut être aussi raisonnable, et ne pas écorcher les malades. Trente sols un lavement : Je suis votre serviteur, je vous l'ai déjà dit. Vous ne me les avez mis dans les autres parties qu'à vingt sols, et vingt sols en langage d'apothicaire, c'est-à-dire dix sols ; les voilà, dix sols. « Plus, dudit jour, un bon clystère détersif, « composé avec catholicon double, rhubarbe, « miel rosat, et autres, suivant l'ordonnance, « pour balayer, laver, et nettoyer le bas-ventre

« de Monsieur, trente sols. » Avec votre permission, dix sols. « Plus, dudit jour, le soir, un julep
« hépatique, soporatif, et somnifère, composé
« pour faire dormir Monsieur, trente-« cinq
sols. » Je ne me plains pas de celui-là, car il me
fit bien dormir. Dix, quinze, seize et dix-sept
sols, six deniers. « Plus, du vingt-cinquième, une
« bonne médecine purgative et corroborative,
« composée de casse récente avec séné levantin,
« et autres, suivant l'ordonnance de Monsieur
« Purgon, pour expulser et évacuer la bile de
« Monsieur, quatre livres. » Ah ! Monsieur Fleurant, c'est se moquer ; il faut vivre avec les
malades. Monsieur Purgon ne vous a pas
ordonné de mettre quatre francs. Mettez, mettez trois livres, s'il vous plaît. Vingt et trente
sols. « Plus, dudit jour, une potion anodine et
« astringente, pour faire reposer Monsieur,
« trente sols. » Bon, dix et quinze sols. « Plus, du
« vingt-sixième, un clystère carminatif, pour
« chasser les vents de Monsieur, trente sols. »
Dix sols, Monsieur Fleurant. « Plus, le clystère
« de Monsieur réitéré le soir, comme dessus,
« trente sols. » Monsieur Fleurant, dix sols.
« Plus, du vingt-septième, une bonne médecine
« composée pour hâter d'aller, et chasser dehors
« les mauvaises humeurs de Monsieur, trois
« livres. » Bon, vingt et trente sols : je suis bien
aise que vous soyez raisonnable. « Plus, du
« vingt-huitième, une prise de petit-lait clarifié,
« et dulcoré, pour adoucir, lénifier, tempérer, et
« rafraîchir le sang de Monsieur, vingt sols. »
Bon, dix sols. « Plus, une potion cordiale et pré-
« servative, composée avec douze grains de
« bézoard, sirops de limon et grenade, et autres,
« suivant l'ordonnance, cinq livres. » Ah ! Monsieur Fleurant, tout doux, s'il vous plaît ; si vous
en usez comme cela, on ne voudra plus être

malade : contentez-vous de quatre francs. Vingt et quarante sols. Trois et deux font cinq, et cinq font dix, et dix font vingt. Soixante et trois livres, quatre sols, six deniers. Si bien donc que de ce mois j'ai pris une, deux, trois, quatre, cinq, six, sept et huit médecines ; et un, deux, trois, quatre, cinq, six, sept, huit, neuf, dix, onze et douze lavements ; et l'autre mois il y avait douze médecines, et vingt lavements. Je ne m'étonne pas si je ne me porte pas si bien ce mois-ci que l'autre. Je le dirai à Monsieur Purgon, afin qu'il mette ordre à cela. Allons, qu'on m'ôte tout ceci. Il n'y a personne : j'ai beau dire, on me laisse toujours seul ; il n'y a pas moyen de les arrêter ici. *(Il sonne une sonnette pour faire venir ses gens.)* Ils n'entendent point, et ma sonnette ne fait pas assez de bruit. Drelin, drelin, drelin : point d'affaire. Drelin, drelin, drelin : ils sont sourds. Toinette ! Drelin, drelin, drelin : tout comme si je ne sonnais point. Chienne, coquine ! Drelin, drelin, drelin : j'enrage. *(Il ne sonne plus mais il crie.)* Drelin, drelin, drelin : carogne, à tous les diables ! Est-il possible qu'on laisse comme cela un pauvre malade tout seul ? Drelin, drelin, drelin : voilà qui est pitoyable ! Drelin, drelin, drelin : ah, mon Dieu ! ils me laisseront ici mourir. Drelin, drelin, drelin.

SCÈNE II

TOINETTE, ARGAN

Toinette, *en entrant dans la chambre.* — On y va.

Argan. — Ah ! chienne ! ah ! carogne !...

Toinette, *faisant semblant de s'être cogné la tête.* — Diantre soit fait de votre impatience !

vous pressez si fort les personnes, que je me suis donné un grand coup de la tête contre la carne d'un volet.

ARGAN, *en colère.* — Ah ! traîtresse !...

TOINETTE, *pour l'interrompre et l'empêcher de crier, se plaint toujours en disant.* — Ha !

ARGAN. — Il y a...

TOINETTE. — Ha !

ARGAN. — Il y a une heure...

TOINETTE. — Ha !

ARGAN. — Tu m'as laissé...

TOINETTE. — Ha !

ARGAN. — Tais-toi donc, coquine, que je te querelle.

TOINETTE. — Çamon, ma foi ! j'en suis d'avis, après ce que je me suis fait.

ARGAN. — Tu m'as fait égosiller, carogne.

TOINETTE. — Et vous m'avez fait, vous, casser la tête : l'un vaut bien l'autre ; quitte à quitte, si vous voulez.

ARGAN. — Quoi ? coquine...

TOINETTE. — Si vous querellez, je pleurerai.

ARGAN. — Me laisser, traîtresse...

TOINETTE, *toujours pour l'interrompre.* — Ha !

ARGAN. — Chienne, tu veux...

TOINETTE. — Ha !

ARGAN. — Quoi ? il faudra encore que je n'aie pas le plaisir de la quereller.

TOINETTE. — Querellez tout votre soûl, je le veux bien.

ARGAN. — Tu m'en empêches, chienne, en m'interrompant à tous coups.

TOINETTE. — Si vous avez le plaisir de quereller, il faut bien que, de mon côté, j'aie le plaisir de pleurer : chacun le sien, ce n'est pas trop. Ha !

ARGAN. — Allons, il faut en passer par là. Ote-moi ceci, coquine, ôte-moi ceci. *(Argan se lève de sa chaise.)* Mon lavement d'aujourd'hui a-t-il bien opéré ?

TOINETTE. — Votre lavement ?

ARGAN. — Oui. Ai-je bien fait de la bile ?

TOINETTE. — Ma foi ! je ne mêle point de ces affaires-là : c'est à Monsieur Fleurant à y mettre le nez, puisqu'il en a le profit.

ARGAN. — Qu'on ait soin de me tenir un bouillon prêt, pour l'autre que je dois tantôt prendre.

TOINETTE. — Ce Monsieur Fleurant-là et ce Monsieur Purgon s'égayent bien sur votre corps ; ils ont en vous une bonne vache à lait ; et je voudrais bien leur demander quel mal vous avez, pour vous faire tant de remèdes.

ARGAN. — Taisez-vous, ignorante, ce n'est pas à vous à contrôler les ordonnances de la médecine. Qu'on me fasse venir ma fille Angélique, j'ai à lui dire quelque chose.

TOINETTE. — La voici qui vient d'elle-même : elle a deviné votre pensée.

SCÈNE III

ANGÉLIQUE, TOINETTE, ARGAN

ARGAN. — Approchez, Angélique ; vous venez à propos : je voulais vous parler.

ANGÉLIQUE. — Me voilà prête à vous ouïr.

ARGAN, *courant au bassin.* — Attendez. Donnez-moi mon bâton. Je vais revenir tout à l'heure.

TOINETTE, *en le raillant.* — Allez vite, Monsieur, allez. Monsieur Fleurant nous donne des affaires.

SCÈNE IV

ANGÉLIQUE, TOINETTE

ANGÉLIQUE, *la regardant d'un œil languissant, lui dit confidemment.* — Toinette !

TOINETTE. — Quoi ?

ANGÉLIQUE. — Regarde-moi un peu.

TOINETTE. — Hé bien ! je vous regarde.

ANGÉLIQUE. — Toinette.

TOINETTE. — Hé bien, quoi, « Toinette » ?

ANGÉLIQUE. — Ne devines-tu point de quoi je veux parler ?

TOINETTE. — Je m'en doute assez : de notre jeune amant ; car c'est sur lui, depuis six jours, que roulent tous nos entretiens ; et vous n'êtes point bien si vous n'en parlez à toute heure.

ANGÉLIQUE. — Puisque tu connais cela, que n'es-tu donc la première à m'en entretenir, et que ne m'épargnes-tu la peine de te jeter sur ce discours ?

TOINETTE. — Vous ne m'en donnez pas le temps, et vous avez des soins là-dessus qu'il est difficile de prévenir.

ANGÉLIQUE. — Je t'avoue que je ne saurais me lasser de te parler de lui, et que mon cœur profite avec chaleur de tous les moments de s'ouvrir à toi. Mais dis-moi, condamnes-tu, Toinette, les sentiments que j'ai pour lui ?

TOINETTE. — Je n'ai garde.

ANGÉLIQUE. — Ai-je tort de m'abandonner à ces douces impressions ?

TOINETTE. — Je ne dis pas cela.

ANGÉLIQUE. — Et voudrais-tu que je fusse insensible aux tendres protestations de cette passion ardente qu'il témoigne pour moi ?

TOINETTE. — A Dieu ne plaise !

ANGÉLIQUE. — Dis-moi un peu, ne trouves-tu

pas, comme moi, quelque chose du Ciel, quelque effet du destin, dans l'aventure inopinée de notre connaissance ?

TOINETTE. — Oui.

ANGÉLIQUE. — Ne trouves-tu pas que cette action d'embrasser ma défense sans me connaître est tout à fait d'un honnête homme ?

TOINETTE. — Oui.

ANGÉLIQUE. — Que l'on ne peut pas en user plus généreusement ?

TOINETTE. — D'accord.

ANGÉLIQUE. — Et qu'il fit tout cela de la meilleure grâce du monde ?

TOINETTE. — Oh ! oui.

ANGÉLIQUE. — Ne trouves-tu pas, Toinette, qu'il est bien fait de sa personne ?

TOINETTE. — Assurément.

ANGÉLIQUE. — Qu'il a l'air le meilleur du monde ?

TOINETTE. — Sans doute.

ANGÉLIQUE. — Que ses discours, comme ses actions, ont quelque chose de noble ?

TOINETTE. — Cela est sûr.

ANGÉLIQUE. — Qu'on ne peut rien entendre de plus passionné que tout ce qu'il me dit ?

TOINETTE. — Il est vrai.

ANGÉLIQUE. — Et qu'il n'est rien de plus fâcheux que la contrainte où l'on me tient, qui bouche tout commerce aux doux empressements de cette mutuelle ardeur que le Ciel nous inspire ?

TOINETTE. — Vous avez raison.

ANGÉLIQUE. — Mais, ma pauvre Toinette, crois-tu qu'il m'aime autant qu'il me le dit ?

TOINETTE. — Eh, eh ! ces choses-là, parfois, sont un peu sujettes à caution. Les grimaces d'amour ressemblent fort à la vérité ; et j'ai vu de grands comédiens là-dessus.

Angélique. — Ah ! Toinette, que dis-tu là ? Hélas ! de la façon qu'il parle, serait-il bien possible qu'il ne me dît pas vrai ?

Toinette. — En tout cas, vous en serez bientôt éclaircie ; et la résolution où il vous écrivit hier qu'il était de vous faire demander en mariage est une prompte voie à vous faire connaître s'il vous dit vrai, ou non : c'en sera là la bonne preuve.

Angélique. — Ah ! Toinette, si celui-là me trompe, je ne croirai de ma vie aucun homme.

Toinette. — Voilà votre père qui revient.

SCÈNE V

ARGAN, ANGÉLIQUE, TOINETTE

Argan *se met dans sa chaise.* — O çà, ma fille, je vais vous dire une nouvelle, où peut-être ne vous attendez-vous pas : on vous demande en mariage. Qu'est-ce que cela ? vous riez. Cela est plaisant, oui, ce mot de mariage ; il n'y a rien de plus drôle pour les jeunes filles : ah ! nature, nature ! A ce que je puis voir, ma fille, je n'ai que faire de vous demander si vous voulez bien vous marier.

Angélique. — Je dois faire, mon père, tout ce qu'il vous plaira de m'ordonner.

Argan. — Je suis bien aise d'avoir une fille si obéissante. La chose est donc conclue, et je vous ai promise.

Angélique. — C'est à moi, mon père, de suivre aveuglément toutes vos volontés.

Argan. — Ma femme, votre belle-mère, avait envie que je vous fisse religieuse, et votre petite sœur Louison aussi, et de tout temps elle a été aheurtée à cela.

TOINETTE, *tout bas*. — La bonne bête a ses raisons.

ARGAN. — Elle ne voulait point consentir à ce mariage, mais je l'ai emporté, et ma parole est donnée.

ANGÉLIQUE. — Ah ! mon père, que je vous suis obligée de toutes vos bontés.

TOINETTE. — En vérité, je vous sais bon gré de cela, et voilà l'action la plus sage que vous ayez faite de votre vie.

ARGAN. — Je n'ai point encore vu la personne ; mais on m'a dit que j'en serais content, et toi aussi.

ANGÉLIQUE. — Assurément, mon père.

ARGAN. — Comment l'as-tu vu ?

ANGÉLIQUE. — Puisque votre consentement m'autorise à vous pouvoir ouvrir mon cœur, je ne feindrai point de vous dire que le hasard nous a fait connaître il y a six jours, et que la demande qu'on vous a faite est un effet de l'inclination que, dès cette première vue, nous avons prise l'un pour l'autre.

ARGAN. — Ils ne m'ont pas dit cela ; mais j'en suis bien aise, et c'est tant mieux que les choses soient de la sorte. Ils disent que c'est un grand jeune garçon bien fait.

ANGÉLIQUE. — Oui, mon père.

ARGAN. — De belle taille.

ANGÉLIQUE. — Sans doute.

ARGAN. — Agréable de sa personne.

ANGÉLIQUE. — Assurément.

ARGAN. — De bonne physionomie.

ANGÉLIQUE. — Très bonne.

ARGAN. — Sage, et bien né.

ANGÉLIQUE. — Tout à fait.

ARGAN. — Fort honnête.

ANGÉLIQUE. — Le plus honnête du monde.

ARGAN. — Qui parle bien latin, et grec.

ANGÉLIQUE. — C'est ce que je ne sais pas.

ARGAN. — Et qui sera reçu médecin dans trois jours.

ANGÉLIQUE. — Lui, mon père ?

ARGAN. — Oui. Est-ce qu'il ne te l'a pas dit ?

ANGÉLIQUE. — Non vraiment. Qui vous l'a dit à vous ?

ARGAN. — Monsieur Purgon.

ANGÉLIQUE. — Est-ce que Monsieur Purgon le connaît ?

ARGAN. — La belle demande ! il faut bien qu'il le connaisse, puisque c'est son neveu.

ANGÉLIQUE. — Cléante, neveu de Monsieur Purgon ?

ARGAN. — Quel Cléante ? Nous parlons de celui pour qui l'on t'a demandée en mariage.

ANGÉLIQUE. — Hé ! oui.

ARGAN. — Hé bien, c'est le neveu de Monsieur Purgon, qui est le fils de son beau-frère le médecin, Monsieur Diafoirus ; et ce fils s'appelle Thomas Diafoirus, et non pas Cléante ; et nous avons conclu ce mariage-là ce matin, Monsieur Purgon, Monsieur Fleurant et moi, et, demain, ce gendre prétendu doit m'être amené par son père. Qu'est-ce ? vous voilà tout ébaubie ?

ANGÉLIQUE. — C'est, mon père, que je connais que vous avez parlé d'une personne, et que j'ai entendu une autre.

TOINETTE. — Quoi ? Monsieur, vous auriez fait ce dessein burlesque ? Et avec tout le bien que vous avez, vous voudriez marier votre fille avec un médecin ?

ARGAN. — Oui. De quoi te mêles-tu, coquine, impudente que tu es ?

TOINETTE. — Mon Dieu ! tout doux : vous allez d'abord aux invectives. Est-ce que nous ne pouvons pas raisonner ensemble sans nous emporter ? Là, parlons de sang-froid. Quelle est votre raison, s'il vous plaît, pour un tel mariage ?

ARGAN. — Ma raison est que, me voyant infirme et malade comme je suis, je veux me faire un gendre et des alliés médecins, afin de m'appuyer de bons secours contre ma maladie, d'avoir dans ma famille les sources des remèdes qui me sont nécessaires, et d'être à même des consultations et des ordonnances.

TOINETTE. — Hé bien ! voilà dire une raison, et il y a plaisir à se répondre doucement les uns aux autres. Mais, Monsieur, mettez la main à la conscience : est-ce que vous êtes malade ?

ARGAN. — Comment, coquine, si je suis malade ? si je suis malade, impudente ?

TOINETTE. — Hé bien ! oui, Monsieur, vous êtes malade, n'ayons point de querelle là-dessus ; oui, vous êtes fort malade, j'en demeure d'accord, et plus malade que vous ne pensez : voilà qui est fait. Mais votre fille doit épouser un mari pour elle ; et, n'étant point malade, il n'est pas nécessaire de lui donner un médecin.

ARGAN. — C'est pour moi que je lui donne ce médecin ; et une fille de bon naturel doit être ravie d'épouser ce qui est utile à la santé de son père.

TOINETTE. — Ma foi ! Monsieur, voulez-vous qu'en amie je vous donne un conseil ?

ARGAN. — Quel est-il, ce conseil ?

TOINETTE. — De ne point songer à ce mariage-là.

ARGAN. — Hé, la raison ?

TOINETTE. — La raison ? C'est que votre fille n'y consentira point.

ARGAN. — Elle n'y consentira point ?

TOINETTE. — Non.

ARGAN. — Ma fille ?

TOINETTE. — Votre fille. Elle vous dira qu'elle n'a que faire de Monsieur Diafoirus, ni de son fils Thomas Diafoirus, ni de tous les Diafoirus du monde.

ARGAN. — J'en ai affaire, moi, outre que le parti est plus avantageux qu'on ne pense. Monsieur Diafoirus n'a que ce fils-là pour tout héritier ; et, de plus, Monsieur Purgon, qui n'a ni femme, ni enfants, lui donne tout son bien, en faveur de ce mariage ; et Monsieur Purgon est un homme qui a huit mille bonnes livres de rente.

TOINETTE. — Il faut qu'il ait tué bien des gens, pour s'être fait si riche.

ARGAN. — Huit mille livres de rente sont quelque chose, sans compter le bien du père.

TOINETTE. — Monsieur, tout cela est bel et bon ; mais j'en reviens toujours là : je vous conseille, entre nous, de lui choisir un autre mari, et elle n'est point faite pour être Madame Diafoirus.

ARGAN. — Et je veux, moi, que cela soit.

TOINETTE. — Eh fi ! ne dites pas cela.

ARGAN. — Comment, que je ne dise pas cela ?

TOINETTE. — Hé non !

ARGAN. — Et pourquoi ne le dirai-je pas ?

TOINETTE. — On dira que vous ne songez pas à ce que vous dites.

ARGAN. — On dira ce qu'on voudra ; mais je vous dis que je veux qu'elle exécute la parole que j'ai donnée.

TOINETTE. — Non : je suis sûre qu'elle ne le fera pas.

ARGAN. — Je l'y forcerai bien.

TOINETTE. — Elle ne le fera pas, vous dis-je.

ARGAN. — Elle le fera, ou je la mettrai dans un couvent.

TOINETTE. — Vous ?

ARGAN. — Moi.

TOINETTE. — Bon.

ARGAN. — Comment, « bon » ?

TOINETTE. — Vous ne la mettrez point dans un couvent.

ARGAN. — Je ne la mettrai point dans un couvent ?

TOINETTE. — Non.

ARGAN. — Non ?

TOINETTE. — Non.

ARGAN. — Ouais ! voici qui est plaisant : je ne mettrai pas ma fille dans un couvent, si je veux ?

TOINETTE. — Non, vous dis-je.

ARGAN. — Qui m'en empêchera ?

TOINETTE. — Vous-même.

ARGAN. — Moi ?

TOINETTE. — Oui, vous n'aurez pas ce cœur-là.

ARGAN. — Je l'aurai.

TOINETTE. — Vous vous moquez.

ARGAN. — Je ne me moque point.

TOINETTE. — La tendresse paternelle vous prendra.

ARGAN. — Elle ne me prendra point.

TOINETTE. — Une petite larme ou deux, des bras jetés au cou, un « mon petit papa mignon », prononcé tendrement, sera assez pour vous toucher.

ARGAN. — Tout cela ne fera rien.

TOINETTE. — Oui, oui.

ARGAN. — Je vous dis que je n'en démordrai point.

TOINETTE. — Bagatelles.

ARGAN. — Il ne faut point dire « bagatelles ».

TOINETTE. — Mon Dieu ! je vous connais, vous êtes bon naturellement.

ARGAN, *avec emportement*. — Je ne suis point bon, et je suis méchant quand je veux.

TOINETTE. — Doucement, Monsieur : vous ne songez pas que vous êtes malade.

ARGAN. — Je lui commande absolument de se préparer à prendre le mari que je dis.

TOINETTE. — Et moi, je lui défends absolument d'en faire rien.

ARGAN. — Où est-ce donc que nous sommes ? et quelle audace est-ce là à une coquine de servante de parler de la sorte devant son maître ?

TOINETTE. — Quand un maître ne songe pas à ce qu'il fait, une servante bien sensée est en droit de le redresser.

ARGAN *court après Toinette.* — Ah ! insolente, il faut que je t'assomme.

TOINETTE *se sauve de lui.* — Il est de mon devoir de m'opposer aux choses qui vous peuvent déshonorer.

ARGAN , *en colère, court après elle autour de sa chaise, son bâton à la main.* — Viens, viens, que je t'apprenne à parler.

TOINETTE , *courant, et se sauvant du côté de la chaise où n'est pas Argan.* — Je m'intéresse, comme je dois, à ne vous point laisser faire de folie.

ARGAN. — Chienne !

TOINETTE. — Non, je ne consentirai jamais à ce mariage.

ARGAN. — Pendarde !

TOINETTE. — Je ne veux point qu'elle épouse votre Thomas Diafoirus.

ARGAN. — Carogne !

TOINETTE. — Et elle m'obéira plutôt qu'à vous.

ARGAN. — Angélique, tu ne veux pas m'arrêter cette coquine-là ?

ANGÉLIQUE. — Eh ! mon père, ne vous faites point malade.

ARGAN. — Si tu ne me l'arrêtes, je te donnerai ma malédiction.

TOINETTE. — Et moi, je la déshériterai, si elle vous obéit.

ARGAN *se jette dans sa chaise, étant las de courir après elle.* — Ah ! ah ! je n'en puis plus. Voilà pour me faire mourir.

SCÈNE VI

BÉLINE, ANGÉLIQUE, TOINETTE, ARGAN

ARGAN. — Ah ! ma femme, approchez.

BÉLINE. — Qu'avez-vous, mon pauvre mari ?

ARGAN. — Venez-vous-en ici à mon secours.

BÉLINE. — Qu'est-ce que c'est donc qu'il y a, mon petit fils ?

ARGAN. — Ma mie.

BÉLINE. — Mon ami.

ARGAN. — On vient de me mettre en colère !

BÉLINE. — Hélas ! pauvre petit mari. Comment donc, mon ami ?

ARGAN. — Votre coquine de Toinette est devenue plus insolente que jamais.

BÉLINE. — Ne vous passionnez donc point.

ARGAN. — Elle m'a fait enrager, ma mie.

BÉLINE. — Doucement, mon fils.

ARGAN. — Elle a contrecarré, une heure durant, les choses que je veux faire.

BÉLINE. — Là, là, tout doux.

ARGAN. — Et a eu l'effronterie de me dire que je ne suis point malade.

BÉLINE. — C'est une impertinente.

ARGAN. — Vous savez, mon cœur, ce qui en est.

BÉLINE. — Oui, mon cœur, elle a tort.

ARGAN. — Mamour, cette coquine-là me fera mourir.

BÉLINE. — Eh là, eh là !

ARGAN. — Elle est la cause de toute la bile que je fais.

BÉLINE. — Ne vous fâchez point tant.

ARGAN. — Et il y a je ne sais combien que je vous dis de me la chasser.

BÉLINE. — Mon Dieu ! mon fils, il n'y a point de serviteurs et de servantes qui n'aient leurs défauts. On est contraint parfois de souffrir leurs mauvaises qualités à cause des bonnes. Celle-ci est adroite, soigneuse, diligente, et surtout fidèle, et vous savez qu'il faut maintenant de grandes précautions pour les gens que l'on prend. Holà ! Toinette.

TOINETTE. — Madame.

BÉLINE. — Pourquoi donc est-ce que vous mettez mon mari en colère ?

TOINETTE , *d'un ton doucereux*. — Moi, Madame, hélas ! Je ne sais pas ce que vous me voulez dire, et je ne songe qu'à complaire à Monsieur en toutes choses.

ARGAN. — Ah ! la traîtresse !

TOINETTE. — Il nous a dit qu'il voulait donner sa fille en mariage au fils de Monsieur Diafoirus ; je lui ai répondu que je trouvais le parti avantageux pour elle ; mais que je croyais qu'il ferait mieux de la mettre dans un couvent.

BÉLINE. — Il n'y a pas grand mal à cela, et je trouve qu'elle a raison.

ARGAN. — Ah ! mamour, vous la croyez. C'est une scélérate : elle m'a dit cent insolences.

BÉLINE. — Hé bien ! je vous crois, mon ami. Là, remettez-vous. Écoutez, Toinette, si vous fâchez jamais mon mari, je vous mettrai dehors. Çà, donnez-moi son manteau fourré et des oreillers, que je l'accommode dans sa chaise. Vous voilà je ne sais comment. Enfoncez bien votre bonnet jusque sur vos oreilles : il n'y a rien qui enrhume tant que de prendre l'air par les oreilles.

ARGAN. — Ah ! ma mie, que je vous suis obligé de tous les soins que vous prenez de moi !

BÉLINE , *accommodant les oreillers qu'elle met autour d'Argan.* — Levez-vous, que je mette ceci sous vous. Mettons celui-ci pour vous appuyer, et celui-là de l'autre côté. Mettons celui-ci derrière votre dos, et cet autre-là pour soutenir votre tête.

TOINETTE, *lui mettant rudement un oreiller sur la tête, et puis fuyant.* — Et celui-ci pour vous garder du serein.

ARGAN *se lève en colère, et jette tous les oreillers à Toinette.* — Ah ! coquine, tu veux m'étouffer.

BÉLINE. — Eh là, eh là ! Qu'est-ce que c'est donc ?

ARGAN, *tout essoufflé, se jette dans sa chaise.* — Ah, ah, ah ! je n'en puis plus.

BÉLINE. — Pourquoi vous emporter ainsi ? Elle a cru faire bien.

ARGAN. — Vous ne connaissez pas, mamour, la malice de la pendarde. Ah ! elle m'a mis tout hors de moi ; et il faudra plus de huit médecines, et de douze lavements, pour réparer tout ceci.

BÉLINE. — Là, là, mon petit ami, apaisez-vous un peu.

ARGAN. — Ma mie, vous êtes toute ma consolation.

BÉLINE. — Pauvre petit fils.

ARGAN. — Pour tâcher de reconnaître l'amour que vous me portez, je veux, mon cœur, comme je vous ai dit, faire mon testament.

BÉLINE. — Ah ! mon ami, ne parlons point de cela, je vous prie : je ne saurais souffrir cette pensée ; et le seul mot de testament me fait tressaillir de douleur.

ARGAN. — Je vous avais dit de parler pour cela à votre notaire.

BÉLINE. — Le voilà là-dedans, que j'ai amené avec moi.

ARGAN. — Faites-le donc entrer, mamour.

BÉLINE. — Hélas ! mon ami, quand on aime bien un mari, on n'est guère en état de songer à tout cela.

SCÈNE VII

LE NOTAIRE, BÉLINE, ARGAN

ARGAN. — Approchez, Monsieur de Bonnefoy, approchez. Prenez un siège, s'il vous plaît. Ma femme m'a dit, Monsieur, que vous étiez fort honnête homme, et tout à fait de ses amis ; et je l'ai chargée de vous parler pour un testament que je veux faire.

BÉLINE. — Hélas ! je ne suis point capable de parler de ces choses-là.

LE NOTAIRE. — Elle m'a, Monsieur, expliqué vos intentions, et le dessein où vous êtes pour elle ; et j'ai à vous dire là-dessus que vous ne sauriez rien donner à votre femme par votre testament.

ARGAN. — Mais pourquoi ?

LE NOTAIRE. — La Coutume y résiste. Si vous étiez en pays de droit écrit, cela se pourrait faire ; mais, à Paris, et dans les pays coutumiers, au moins dans la plupart, c'est ce qui ne se peut, et la disposition serait nulle. Tout l'avantage qu'homme et femme conjoints par mariage se peuvent faire l'un à l'autre, c'est un don mutuel entre vifs ; encore faut-il qu'il n'y ait enfants, soit des deux conjoints, ou de l'un d'eux, lors du décès du premier mourant.

ARGAN. — Voilà une Coutume bien impertinente, qu'un mari ne puisse rien laisser à une femme dont il est aimé tendrement, et qui prend de lui tant de soin. J'aurais envie de consulter mon avocat, pour voir comment je pourrais faire.

Le Notaire. — Ce n'est point à des avocats qu'il faut aller, car ils sont d'ordinaire sévères là-dessus, et s'imaginent que c'est un grand crime que de disposer en fraude de la loi. Ce sont gens de difficultés, et qui sont ignorants des détours de la conscience. Il y a d'autres personnes à consulter, qui sont bien plus accommodantes, qui ont des expédients pour passer doucement par-dessus la loi, et rendre juste ce qui n'est pas permis ; qui savent aplanir les difficultés d'une affaire, et trouver des moyens d'éluder la Coutume par quelque avantage indirect. Sans cela, où en serions-nous tous les jours ? Il faut de la facilité dans les choses ; autrement nous ne ferions rien, et je ne donnerais pas un sou de notre métier.

Argan. — Ma femme m'avait bien dit, Monsieur, que vous étiez fort habile, et fort honnête homme. Comment puis-je faire, s'il vous plaît, pour lui donner mon bien, et en frustrer mes enfants ?

Le Notaire. — Comment vous pouvez faire ? Vous pouvez choisir doucement un ami intime de votre femme, auquel vous donnerez en bonne forme par votre testament tout ce que vous pouvez ; et cet ami ensuite lui rendra tout. Vous pouvez encore contracter un grand nombre d'obligations, non suspectes, au profit de divers créanciers, qui prêteront leur nom à votre femme, et entre les mains de laquelle ils mettront leur déclaration que ce qu'ils en ont fait n'a été que pour lui faire plaisir. Vous pouvez aussi, pendant que vous êtes en vie, mettre entre ses mains de l'argent comptant, ou des bil-

lets que vous pourrez avoir, payables au porteur.

BÉLINE. — Mon Dieu ! il ne faut point vous
tourmenter de tout cela. S'il vient faute de vous,
mon fils, je ne veux plus rester au monde.

ARGAN. — Ma mie !

BÉLINE. — Oui, mon ami, si je suis assez malheureuse pour vous perdre...

ARGAN. — Ma chère femme !

BÉLINE. — La vie ne me sera plus de rien.

ARGAN. — Mamour !

BÉLINE. — Et je suivrai vos pas, pour vous
faire connaître la tendresse que j'ai pour vous.

ARGAN. — Ma mie, vous me fendez le cœur.
Consolez-vous, je vous en prie.

LE NOTAIRE. — Ces larmes sont hors de sai-
son, et les choses n'en sont point encore là.

BÉLINE. — Ah ! Monsieur, vous ne savez pas
ce que c'est qu'un mari qu'on aime tendrement.

ARGAN. — Tout le regret que j'aurai, si je
meurs, ma mie, c'est de n'avoir point un enfant
de vous. Monsieur Purgon m'avait dit qu'il m'en
ferait faire un.

LE NOTAIRE. — Cela pourra venir encore.

ARGAN. — Il faut faire mon testament,
mamour, de la façon que Monsieur dit ; mais,
par précaution, je veux vous mettre entre les
mains vingt mille francs en or, que j'ai dans le
lambris de mon alcôve, et deux billets payables
au porteur, qui me sont dus, l'un par Monsieur
Damon, et l'autre par Monsieur Gérante.

BÉLINE. — Non, non, je ne veux point de tout
cela. Ah ! combien dites-vous qu'il y a dans
votre alcôve ?

ARGAN. — Vingt mille francs, mamour.

BÉLINE. — Ne me parlez point de bien, je
vous prie. Ah ! de combien sont les deux billets ?

ARGAN. — Ils sont, ma mie, l'un de quatre
mille francs, et l'autre de six.

BÉLINE. — Tous les biens du monde, mon ami, ne me sont rien au prix de vous.

LE NOTAIRE. — Voulez-vous que nous procédions au testament ?

ARGAN. — Oui, Monsieur ; mais nous serons mieux dans mon petit cabinet. Mamour, conduisez-moi, je vous prie.

BÉLINE. — Allons, mon pauvre petit fils.

SCÈNE VIII

ANGÉLIQUE, TOINETTE

TOINETTE. — Les voilà avec un notaire, et j'ai ouï parler de testament. Votre belle-mère ne s'endort point, et c'est sans doute quelque conspiration contre vos intérêts où elle pousse votre père.

ANGÉLIQUE. — Qu'il dispose de son bien à sa fantaisie, pourvu qu'il ne dispose point de mon cœur. Tu vois, Toinette, les desseins violents que l'on fait sur lui. Ne m'abandonne point, je te prie, dans l'extrémité où je suis.

TOINETTE. — Moi, vous abandonner ? j'aimerais mieux mourir. Votre belle-mère a beau me faire sa confidente, et me vouloir jeter dans ses intérêts, je n'ai jamais pu avoir d'inclination pour elle, et j'ai toujours été de votre parti. Laissez-moi faire : j'emploierai toute chose pour vous servir ; mais pour vous servir avec plus d'effet, je veux changer de batterie, couvrir le zèle que j'ai pour vous, et feindre d'entrer dans les sentiments de votre père et de votre belle-mère.

ANGÉLIQUE. — Tâche, je t'en conjure, de faire donner avis à Cléante du mariage qu'on a conclu.

TOINETTE. — Je n'ai personne à employer à cet office, que le vieux usurier Polichinelle, mon amant, et il m'en coûtera pour cela quelques paroles de douceur, que je veux bien dépenser pour vous. Pour aujourd'hui il est trop tard ; mais demain, du grand matin, je l'enverrai quérir, et il sera ravi de...

BÉLINE. — Toinette !

TOINETTE. — Voilà qu'on m'appelle. Bonsoir. Reposez-vous sur moi.

PREMIER INTERMÈDE

Polichinelle, dans la nuit, vient pour donner une sérénade à sa maîtresse. Il est interrompu d'abord par des violons, contre lesquels il se met en colère, et ensuite par le Guet, composé de musiciens et de danseurs.

POLICHINELLE

O amour, amour, amour, amour ! Pauvre Polichinelle, quelle diable de fantaisie t'es-tu allé mettre dans la cervelle ? A quoi t'amuses-tu, misérable insensé que tu es ? Tu quittes le soin de ton négoce, et tu laisses aller tes affaires à l'abandon. Tu ne manges plus, tu ne bois presque plus, tu perds le repos de la nuit ; et tout cela pour qui ? Pour une dragonne, franche dragonne, une diablesse qui te rembarre, et se moque de tout ce que tu peux lui dire. Mais il n'y a point à raisonner là-dessus. Tu le veux, amour : il faut être fou comme beaucoup d'autres. Cela n'est pas le mieux du monde à un homme de mon âge ; mais qu'y faire ? On n'est pas sage quand on veut, et les vieilles cervelles se démontent comme les jeunes.

Je viens voir si je ne pourrai point adoucir ma tigresse par une sérénade. Il n'y a rien parfois qui soit si touchant qu'un amant qui vient chan-

ter ses doléances aux gonds et aux verrous de la
porte de sa maîtresse. Voici de quoi accompa-
gner ma voix. O nuit ! ô chère nuit ! porte mes
plaintes amoureuses jusque dans le lit de mon
inflexible.

Il chante ces paroles :

Notte e dì v'amo e v'adoro,
Cerco un sì per mio ristoro ;
Ma se voi dite di no,
Bell' ingrata, io moriro.

Fra la speranza
S'afflige il cuore,
In lontananza
Consuma l'hore ;
Si dolce inganno
Che mi figura
Breve l'affanno
Ahi ! troppo dura !
Cosi per tropp' amar languisco e muoro.

Notte e dì v'amo e v'adoro,
Cerco un sì per mio ristoro ;
Ma se voi dite di no,
Bell' ingrata, io moriro.

Se non dormite,
Almen pensate,
Alle ferite
Ch'al cuor mi fate ;
Deh ! almen fingete,
Per mio conforto,
Se m'uccidete,
D'haver il torto :
Vostra pietà mi scemarà il martoro.

Notte e dì v'amo e v'adoro,
Cerco un sì per mio ristoro ;
Ma se voi dite di no,
Bell' ingrata, io moriro.́

UNE VIEILLE *se présente à la fenêtre, et répond au*
signor
Polichinelle en se moquant de lui.

Zerbinetti, ch' ogn' hor con finti sguardi,
Mentiti desiri,
Fallaci sospiri,
Accenti buggiardi,
Di fede vi preggiate,
Ah ! che non m'ingannate,
Che già so per prova
Ch'in voi non si trova
Constanza ne fede :
Oh ! quanto é pazza colei che vi crede !

Quei sguardi languidi
Non m'innamorano,
Quei sospir fervidi
Piú non m' infiammano,
Vel giuro a fé.
Zerbino misero,
Del vostro piangere
Il mio cor libero
Vuol sempre ridere,
Credet' a me :
Che giá so per prova
Ch' in voi non si trova
Constanza ne fede :
Oh ! quanto é pazza colei che vi crede !

VIOLONS

POLICHINELLE

Quelle impertinente harmonie vient interrompre ici ma voix ?

VIOLONS

POLICHINELLE

Paix là, taisez-vous, violons. Laissez-moi me plaindre à mon aise des cruautés de mon inexorable.

VIOLONS

POLICHINELLE

Taisez-vous, vous dis-je. C'est moi qui veux chanter.

VIOLONS

POLICHINELLE

Paix donc !

VIOLONS

POLICHINELLE

Ouais !

VIOLONS

POLICHINELLE

Ahi !

VIOLONS

POLICHINELLE

Est-ce pour rire ?

VIOLONS

POLICHINELLE

Ah ! que de bruit !

VIOLONS

POLICHINELLE

Le diable vous emporte !

VIOLONS

POLICHINELLE

J'enrage.

VIOLONS

POLICHINELLE

Vous ne vous tairez pas ? Ah ! Dieu soit loué !

VIOLONS

POLICHINELLE

Encore ?

VIOLONS

POLICHINELLE

Peste des violons !

VIOLONS

POLICHINELLE

La sotte musique que voilà !

VIOLONS

POLICHINELLE

La, la, la, la, la, la.

VIOLONS

POLICHINELLE

La, la, la, la, la, la.

VIOLONS

POLICHINELLE

La, la, la, la, la, la, la, la.

VIOLONS

POLICHINELLE

La, la, la, la, la.

VIOLONS

Polichinelle

La, la, la, la, la, la.

VIOLONS

Polichinelle, *avec un luth, dont il ne joue que
des lèvres et de la langue, en disant :
plin pan plan, etc.*

Par ma foi ! cela me divertit. Poursuivez, Messieurs les Violons, vous me ferez plaisir. Allons
donc, continuez, je vous en prie. Voilà le moyen
de les faire taire. La musique est accoutumée à
ne point faire ce qu'on veut. Ho sus, à nous !
Avant que de chanter, il faut que je prélude un
peu, et joue quelque pièce, afin de mieux
prendre mon ton. *Plan, plan, plan. Plin, plin,
plin.* Voilà un temps fâcheux pour mettre un
luth d'accord. *Plin, plin, plin. Plin tan plan. Plin,
plin.* Les cordes ne tiennent point par ce
temps-là. *Plin, plan.* J'entends du bruit, mettons
mon luth contre la porte.

Archers, *passant dans la rue, accourent au
bruit qu'ils entendent et demandent :*
Qui va là, qui va là ?

Polichinelle, *tout bas.*

Qui diable est-ce là ? Est-ce que c'est la mode
de parler en musique ?

Archers

Qui va là, qui va là, qui va là ?

Polichinelle, *épouvanté.*

Moi, moi, moi.

Archers

Qui va là, qui va là ? vous dis-je.

Polichinelle

Moi, moi, vous dis-je.

ARCHERS
Et qui toi ? et qui toi ?

POLICHINELLE
Moi, moi, moi, moi, moi, moi.

ARCHERS
Dis ton nom, dis ton nom, sans davantage attendre.

POLICHINELLE, *feignant d'être bien hardi.*
Mon nom est : « Va te faire pendre. »

ARCHERS
Ici, camarades, ici.
Saisissons l'insolent qui nous répond ainsi.

ENTRÉE DE BALLET

Tout le Guet vient, qui cherche Polichinelle dans la nuit.

VIOLONS ET DANSEURS
POLICHINELLE
Qui va là ?

VIOLONS ET DANSEURS
POLICHINELLE
Qui sont les coquins que j'entends ?

VIOLONS ET DANSEURS
POLICHINELLE
Euh ?

VIOLONS ET DANSEURS
POLICHINELLE
Holà, mes laquais, mes gens !

VIOLONS ET DANSEURS
POLICHINELLE

Par la mort !

VIOLONS ET DANSEURS
POLICHINELLE

Par le sang !

VIOLONS ET DANSEURS
POLICHINELLE

J'en jetterai par terre.

VIOLONS ET DANSEURS
POLICHINELLE

Champagne, Poitevin, Picard, Basque, Breton !

VIOLONS ET DANSEURS
POLICHINELLE

Donnez-moi mon mousqueton.

VIOLONS ET DANSEURS
POLICHINELLE *tire un coup de pistolet.*

Poue.

> *Ils tombent tous et s'enfuient.*
POLICHINELLE, *en se moquant.*

Ah ! ah ! ah ! ah ! comme je leur ai donné
l'épouvante ! Voilà de sottes gens d'avoir peur
de moi, qui ai peur des autres. Ma foi ! il n'est
que de jouer d'adresse en ce monde. Si je n'avais
tranché du grand seigneur, et n'avais fait le
brave, ils n'auraient pas manqué de me happer.
Ah ! ah ! ah !

> *Les archers se rapprochent, et
> ayant entendu ce qu'il disait, ils le
> saisissent au collet.*

ARCHERS

Nous le tenons. A nous, camarades, à nous.
Dépêchez, de la lumière.

BALLET

Tout le Guet vient avec des lanternes.

ARCHERS

Ah ! traître ! ah ! fripon ! c'est donc
vous ?
Faquin, maraud, pendard, impudent, témé-
raire,
Insolent, effronté, coquin, filou, voleur,
Vous osez nous faire peur ?

POLICHINELLE

Messieurs, c'est que j'étais ivre.

ARCHERS

Non, non, non, point de raison,
Il faut vous apprendre à vivre.
En prison, vite, en prison.

POLICHINELLE

Messieurs, je ne suis point voleur.

ARCHERS

En prison.

POLICHINELLE

Je suis un bourgeois de la ville.

ARCHERS

En prison.

POLICHINELLE

Qu'ai-je fait ?

ARCHERS

En prison, vite, en prison.

POLICHINELLE

Messieurs, laissez-moi aller.

ARCHERS

Non.

POLICHINELLE

Je vous prie.

ARCHERS

Non.

POLICHINELLE

Eh !

ARCHERS

Non.

POLICHINELLE

De grâce.

ARCHERS

Non, non.

POLICHINELLE

Messieurs.

ARCHERS

Non, non, non.

POLICHINELLE

S'il vous plaît.

ARCHERS

Non, non.

POLICHINELLE

Par charité.

ARCHERS

Non, non.

POLICHINELLE

Au nom du Ciel !

ARCHERS

Non, non.

POLICHINELLE

Miséricorde !

ARCHERS

Non, non, non, point de raison ;
Il faut vous apprendre à vivre.
En prison, vite, en prison.

POLICHINELLE

Hé ! n'est-il rien, Messieurs, qui soit capable
d'attendrir vos âmes ?

ARCHERS

Il est aisé de nous toucher,
Et nous sommes humains plus qu'on ne sau-
rait croire ;
Donnez-nous doucement six pistoles pour
boire,
Nous allons vous lâcher.

POLICHINELLE

Hélas ! Messieurs, je vous assure que je n'ai
pas un sou sur moi.

ARCHERS

Au défaut de six pistoles,
Choisissez donc sans façon
D'avoir trente croquignoles,
Ou douze coups de bâton.

POLICHINELLE

Si c'est une nécessité, et qu'il faille en passer par là, je choisis les croquignoles.

ARCHERS

Allons, préparez-vous,
Et comptez bien les coups.

BALLET

Archers danseurs lui donnent des
croquignoles en cadence.

POLICHINELLE

Un et deux, trois et quatre, cinq et six, sept et huit, neuf et dix, onze et douze, et treize, et quatorze, et quinze.

ARCHERS

Ah ! ah ! vous en voulez passer :
Allons, c'est à recommencer.

POLICHINELLE

Ah ! Messieurs, ma pauvre tête n'en peut plus, et vous venez de me la rendre comme une pomme cuite. J'aime mieux encore les coups de bâton que de recommencer.

ARCHERS

Soit ! puisque le bâton est pour vous plus charmant,
Vous aurez contentement.

BALLET

*Les Archers danseurs lui donnent
des coups de bâton en cadence.*

POLICHINELLE

Un, deux, trois, quatre, cinq, six, ah ! ah ! ah !
je n'y saurais plus résister. Tenez, Messieurs,
voilà six pistoles que je vous donne.

ARCHERS

*Ah ! l'honnête homme ! Ah ! l'âme noble et
belle !
Adieu, seigneur, adieu, seigneur Polichinelle.*

POLICHINELLE

Messieurs, je vous donne le bonsoir.

ARCHERS

Adieu, seigneur, adieu, seigneur Polichinelle.

POLICHINELLE

Votre serviteur.

ARCHERS

Adieu, seigneur, adieu, seigneur Polichinelle.

POLICHINELLE

Très humble valet.

ARCHERS

Adieu, seigneur, adieu, seigneur Polichinelle.

POLICHINELLE

Jusqu'au revoir.

BALLET

Ils dansent tous, en réjouissance de l'argent qu'ils ont reçu.
Le théâtre change et représente la même chambre.

ACTE II

SCÈNE I

TOINETTE, CLÉANTE

TOINETTE. — Que demandez-vous, Monsieur ?

CLÉANTE. — Ce que je demande ?

TOINETTE. — Ah ! ah ! c'est vous ? Quelle surprise ! Que venez-vous faire céans ?

CLÉANTE. — Savoir ma destinée, parler à l'aimable Angélique, consulter les sentiments de son cœur, et lui demander ses résolutions sur ce mariage fatal dont on m'a averti.

TOINETTE. — Oui, mais on ne parle pas comme cela de but en blanc à Angélique : il faut des mystères, et l'on vous a dit l'étroite garde où elle est retenue, qu'on ne la laisse ni sortir, ni parler à personne, et que ce ne fut que la curiosité d'une vieille tante qui nous fit accorder la liberté d'aller à cette comédie qui donna lieu à la naissance de votre passion ; et nous nous sommes bien gardées de parler de cette aventure.

CLÉANTE. — Aussi ne viens-je pas ici comme Cléante et sous l'apparence de son amant, mais comme ami de son maître de musique, dont j'ai obtenu le pouvoir de dire qu'il m'envoie à sa place.

TOINETTE. — Voici son père. Retirez-vous un peu, et me laissez lui dire que vous êtes là.

SCÈNE II

ARGAN, TOINETTE, CLÉANTE

ARGAN. — Monsieur Purgon m'a dit de me promener le matin dans ma chambre, douze allées, et douze venues ; mais j'ai oublié à lui demander si c'est en long, ou en large.

TOINETTE. — Monsieur, voilà un...

ARGAN. — Parle bas, pendarde : tu viens m'ébranler tout le cerveau, et tu ne songes pas qu'il ne faut point parler si haut à des malades.

TOINETTE. — Je voulais vous dire, Monsieur...

ARGAN. — Parle bas, te dis-je.

TOINETTE. — Monsieur...

Elle fait semblant de parler.

ARGAN. — Eh ?

TOINETTE. — Je vous dis que...

Elle fait semblant de parler.

ARGAN. — Qu'est-ce que tu dis ?

TOINETTE, *haut.* — Je dis que voilà un homme qui veut parler à vous.

ARGAN. — Qu'il vienne.

Toinette fait signe à Cléante d'avancer.

CLÉANTE. — Monsieur.

TOINETTE, *raillant.* — Ne parlez pas si haut, de peur d'ébranler le cerveau de Monsieur.

CLÉANTE. — Monsieur, je suis ravi de vous trouver debout et de voir que vous vous portez mieux.

TOINETTE, *feignant d'être en colère.* — Comment « qu'il se porte mieux » ? Cela est faux : Monsieur se porte toujours mal.

CLÉANTE. — J'ai ouï dire que Monsieur était mieux, et je lui trouve bon visage.

TOINETTE. — Que voulez-vous dire avec votre bon visage ? Monsieur l'a fort mauvais, et ce sont des impertinents qui vous ont dit qu'il était mieux. Il ne s'est jamais si mal porté.

ARGAN. — Elle a raison.

TOINETTE. — Il marche, dort, mange, et boit tout comme les autres ; mais cela n'empêche pas qu'il ne soit fort malade.

ARGAN. — Cela est vrai.

CLÉANTE. — Monsieur, j'en suis au désespoir. Je viens de la part du maître à chanter de Mademoiselle votre fille. Il s'est vu obligé d'aller à la campagne pour quelques jours ; et comme son ami intime, il m'envoie à sa place, pour lui continuer ses leçons, de peur qu'en les interrompant elle ne vînt à oublier ce qu'elle sait déjà.

ARGAN. — Fort bien. Appelez Angélique.

TOINETTE. — Je crois, Monsieur, qu'il sera mieux de mener Monsieur à sa chambre.

ARGAN. — Non ; faites-la venir.

TOINETTE. — Il ne pourra lui donner leçon comme il faut, s'ils ne sont en particulier.

ARGAN. — Si fait, si fait.

TOINETTE. — Monsieur, cela ne fera que vous étourdir, et il ne faut rien pour vous émouvoir en l'état où vous êtes, et vous ébranler le cerveau.

ARGAN. — Point, point : j'aime la musique, et je serai bien aise de... Ah ! la voici. Allez-vous-en voir, vous, si ma femme est habillée.

SCÈNE III

ARGAN, ANGÉLIQUE, CLÉANTE

ARGAN. — Venez, ma fille : votre maître de musique est allé aux champs, et voilà une personne qu'il envoie à sa place pour vous montrer.

ANGÉLIQUE. — Ah, Ciel !

ARGAN. — Qu'est-ce ? d'où vient cette surprise ?

ANGÉLIQUE. — C'est...

ARGAN. — Quoi ? qui vous émeut de la sorte ?

ANGÉLIQUE. — C'est, mon père, une aventure surprenante qui se rencontre ici.

ARGAN. — Comment ?

ANGÉLIQUE. — J'ai songé cette nuit que j'étais dans le plus grand embarras du monde, et qu'une personne faite tout comme Monsieur s'est présentée à moi, à qui j'ai demandé secours, et qui m'est venue tirer de la peine où j'étais ; et ma surprise a été grande de voir inopinément, en arrivant ici, ce que j'ai eu dans l'idée toute la nuit.

CLÉANTE. — Ce n'est pas être malheureux que d'occuper votre pensée, soit en dormant, soit en veillant, et mon bonheur serait grand sans doute si vous étiez dans quelque peine dont vous me jugeassiez digne de vous tirer ; et il n'y a rien que je ne fisse pour...

SCÈNE IV

TOINETTE, CLÉANTE, ANGÉLIQUE, ARGAN

TOINETTE, *par dérision.* — Ma foi, Monsieur, je suis pour vous maintenant, et je me dédis de tout ce que je disais hier. Voici Monsieur Diafoirus le père, et Monsieur Diafoirus le fils, qui viennent vous rendre visite. Que vous serez bien engendré ! Vous allez voir le garçon le mieux fait du monde, et le plus spirituel. Il n'a dit que deux mots, qui m'ont ravie, et votre fille va être charmée de lui.

ARGAN, *à Cléante, qui feint de vouloir s'en aller.* — Ne vous en allez point, Monsieur. C'est que je marie ma fille ; et voilà qu'on lui amène son prétendu mari, qu'elle n'a point encore vu.

CLÉANTE. — C'est m'honorer beaucoup, Monsieur, de vouloir que je sois témoin d'une entrevue si agréable.

ARGAN. — C'est le fils d'un habile médecin, et le mariage se fera dans quatre jours.

CLÉANTE. — Fort bien.

ARGAN. — Mandez-le un peu à son maître de musique, afin qu'il se trouve à la noce.

CLÉANTE. — Je n'y manquerai pas.

ARGAN. — Je vous y prie aussi.

CLÉANTE. — Vous me faites beaucoup d'honneur.

TOINETTE. — Allons, qu'on se range, les voici.

SCÈNE V

MONSIEUR DIAFOIRUS, THOMAS DIAFOIRUS, ARGAN, ANGÉLIQUE, CLÉANTE, TOINETTE

ARGAN, *mettant la main à son bonnet sans l'ôter.* — Monsieur Purgon, Monsieur, m'a défendu de découvrir ma tête. Vous êtes du métier, vous savez les conséquences.

MONSIEUR DIAFOIRUS. — Nous sommes dans toutes nos visites pour porter secours aux malades, et non pour leur porter de l'incommodité.

ARGAN. — Je reçois, Monsieur...

> *Ils parlent tous deux en même temps, s'interrompent et confondent.*

MONSIEUR DIAFOIRUS. — Nous venons ici, Monsieur...

ARGAN. — Avec beaucoup de joie...

MONSIEUR DIAFOIRUS. — Mon fils Thomas, et moi...

ARGAN. — L'honneur que vous me faites...

MONSIEUR DIAFOIRUS. — Vous témoigner, Monsieur...

ARGAN. — Et j'aurais souhaité...

MONSIEUR DIAFOIRUS. — Le ravissement où nous sommes...

ARGAN. — De pouvoir aller chez vous...

MONSIEUR DIAFOIRUS. — De la grâce que vous nous faites...

ARGAN. — Pour vous en assurer...

MONSIEUR DIAFOIRUS. — De vouloir bien nous recevoir...

ARGAN. — Mais vous savez, Monsieur...

MONSIEUR DIAFOIRUS. — Dans l'honneur, Monsieur...

ARGAN. — Ce que c'est qu'un pauvre malade...

MONSIEUR DIAFOIRUS. — De votre alliance...

ARGAN. — Qui ne peut faire autre chose...

MONSIEUR DIAFOIRUS. — Et vous assurer...

ARGAN. — Que de vous dire ici...

MONSIEUR DIAFOIRUS. — Que dans les choses qui dépendront de notre métier...

ARGAN. — Qu'il cherchera toutes les occasions...

MONSIEUR DIAFOIRUS. — De même qu'en toute autre...

ARGAN. — De vous faire connaître, Monsieur...

MONSIEUR DIAFOIRUS. — Nous serons toujours prêts, Monsieur...

ARGAN. — Qu'il est tout à votre service...

MONSIEUR DIAFOIRUS. — A vous témoigner notre zèle. *(Il se retourne vers son fils et lui dit :)* Allons, Thomas, avancez. Faites vos compliments.

THOMAS DIAFOIRUS *est un grand benêt, nouvellement sorti des Écoles, qui fait toutes choses de mauvaise grâce et à contretemps.* — N'est-ce pas par le père qu'il convient commencer ?

MONSIEUR DIAFOIRUS. — Oui.

THOMAS DIAFOIRUS. — Monsieur, je viens saluer, reconnaître, chérir, et révérer en vous un second père ; mais un second père auquel j'ose dire que je me trouve plus redevable qu'au premier. Le premier m'a engendré ; mais vous m'avez choisi. Il m'a reçu par nécessité ; mais vous m'avez accepté par grâce. Ce que je tiens de lui est un ouvrage de son corps, mais ce que je tiens de vous est un ouvrage de votre volonté ; et d'autant plus que les facultés spirituelles sont au-dessus des corporelles, d'autant plus je vous dois, et d'autant plus je tiens précieuse cette future filiation, dont je viens aujourd'hui vous rendre par avance les très humbles et très respectueux hommages.

TOINETTE. — Vivent les collèges, d'où l'on sort si habile homme !

THOMAS DIAFOIRUS. — Cela a-t-il bien été, mon père ?

MONSIEUR DIAFOIRUS. — *Optime*.

ARGAN , *à Angélique.* — Allons, saluez Monsieur.

THOMAS DIAFOIRUS. — Baiserai-je ?

MONSIEUR DIAFOIRUS. — Oui, oui.

THOMAS DIAFOIRUS , *à Angélique.* — Madame, c'est avec justice que le Ciel vous a concédé le nom de belle-mère, puisque l'on...

ARGAN. — Ce n'est pas ma femme, c'est ma fille à qui vous parlez.

THOMAS DIAFOIRUS. — Où donc est-elle ?

ARGAN. — Elle va venir.

THOMAS DIAFOIRUS. — Attendrai-je, mon père, qu'elle soit venue ?

MONSIEUR DIAFOIRUS. — Faites toujours le compliment de Mademoiselle.

THOMAS DIAFOIRUS. — Mademoiselle, ni plus ni moins que la statue de Memnon rendait un

son harmonieux, lorsqu'elle venait à être éclai-
rée des rayons du soleil : tout de même me
sens-je animé d'un doux transport à l'apparition
du soleil de vos beautés. Et comme les natura-
listes remarquent que la fleur nommée héliotrope tourne sans cesse vers cet astre du jour,
aussi mon cœur dores-en-avant tournera-t-il
toujours vers les astres resplendissants de vos
yeux adorables, ainsi que vers son pôle unique.
Souffrez donc, Mademoiselle, que j'appende
aujourd'hui à l'autel de vos charmes l'offrande
de ce cœur, qui ne respire et n'ambitionne autre
gloire que d'être toute sa vie, Mademoiselle,
votre très humble, très obéissant et très fidèle
serviteur et mari.

TOINETTE , *en le raillant.* — Voilà ce que c'est
que d'étudier, on apprend à dire de belles
choses.

ARGAN. — Eh ! que dites-vous de cela ?

CLÉANTE. — Que Monsieur fait merveilles, et
que s'il est aussi bon médecin qu'il est bon ora-
teur, il y aura plaisir à être de ses malades.

TOINETTE. — Assurément. Ce sera quelque
chose d'admirable s'il fait d'aussi belles cures
qu'il fait de beaux discours.

ARGAN. — Allons vite, ma chaise, et des sièges
à tout le monde. Mettez-vous là, ma fille. Vous
voyez, Monsieur, que tout le monde admire
Monsieur votre fils, et je vous trouve bien heureux de vous voir un garçon comme cela.

MONSIEUR DIAFOIRUS. — Monsieur, ce n'est
pas parce que je suis son père, mais je puis dire
que j'ai sujet d'être content de lui, et que tous
ceux qui le voient en parlent comme d'un garçon qui n'a point de méchanceté. Il n'a jamais
eu l'imagination bien vive, ni ce feu d'esprit
qu'on remarque dans quelques-uns ; mais c'est
par là que j'ai toujours bien auguré de sa judi-

ciaire, qualité requise pour l'exercice de notre
art. Lorsqu'il était petit, il n'a jamais été ce
qu'on appelle mièvre et éveillé. On le voyait toujours doux, paisible, et taciturne, ne disant
jamais mot, et ne jouant jamais à tous ces petits
jeux que l'on nomme enfantins. On eut toutes
les peines du monde à lui apprendre à lire, et il
avait neuf ans, qu'il ne connaissait pas encore
ses lettres. « Bon, disais-je en moi-même, les
arbres tardifs sont ceux qui portent les meil-
leurs fruits ; on grave sur le marbre bien plus
malaisément que sur le sable ; mais les choses y
sont conservées bien plus longtemps, et cette
lenteur à comprendre, cette pesanteur d'imagination, est la marque d'un bon jugement à
venir. » Lorsque je l'envoyai au collège, il trouva
de la peine ; mais il se raidissait contre les difficultés, et ses régents se louaient toujours à moi
de son assiduité, et de son travail. Enfin, à force
de battre le fer, il en est venu glorieusement à
avoir ses licences ; et je puis dire sans vanité que
depuis deux ans qu'il est sur les bancs, il n'y a
point de candidat qui ait fait plus de bruit que
lui dans toutes les disputes de notre École. Il s'y
est rendu redoutable, et il ne s'y passe point
d'acte où il n'aille argumenter à outrance pour
la proposition contraire. Il est ferme dans la dis-
pute, fort comme un Turc sur ses principes, ne
démord jamais de son opinion, et poursuit un
raisonnement jusque dans les derniers recoins
de la logique. Mais sur toute chose ce qui me
plaît en lui, et en quoi il suit mon exemple, c'est
qu'il s'attache aveuglément aux opinions de nos
anciens, et que jamais il n'a voulu comprendre
ni écouter les raisons et les expériences des pré-
tendues découvertes de notre siècle, touchant la
circulation du sang, et autres opinions de même
farine.

Thomas Diafoirus . *Il tire une grande thèse roulée de sa poche, qu'il présente à Angélique.* — J'ai contre les circulateurs soutenu une thèse, qu'avec la permission de Monsieur, j'ose présenter à Mademoiselle, comme un hommage que je lui dois des prémices de mon esprit.

Angélique. — Monsieur, c'est pour moi un meuble inutile, et je ne me connais pas à ces choses-là.

Toinette. — Donnez, donnez, elle est toujours bonne à prendre pour l'image ; cela servira à parer notre chambre.

Thomas Diafoirus. — Avec la permission aussi de Monsieur, je vous invite à venir voir l'un de ces jours, pour vous divertir, la dissection d'une femme, sur quoi je dois raisonner.

Toinette. — Le divertissement sera agréable. Il y en a qui donnent la comédie à leurs maîtresses ; mais donner une dissection est quelque chose de plus galant.

Monsieur Diafoirus. — Au reste, pour ce qui est des qualités requises pour le mariage et la propagation, je vous assure que, selon les règles de nos docteurs, il est tel qu'on le peut souhaiter, qu'il possède en un degré louable la vertu prolifique et qu'il est du tempérament qu'il faut pour engendrer et procréer des enfants bien conditionnés.

Argan. — N'est-ce pas votre intention, Monsieur, de le pousser à la cour, et d'y ménager pour lui une charge de médecin ?

Monsieur Diafoirus. — A vous en parler franchement, notre métier auprès des grands ne m'a jamais paru agréable, et j'ai toujours trouvé qu'il valait mieux, pour nous autres, demeurer au public. Le public est commode. Vous n'avez à répondre de vos actions à personne ; et pourvu que l'on suive le courant des règles de l'art, on ne se met point en peine de tout ce qui peut arriver. Mais ce qu'il y a de fâcheux auprès des grands, c'est que, quand ils viennent à être malades, ils veulent absolument que leurs médecins les guérissent.

TOINETTE. — Cela est plaisant, et ils sont bien impertinents de vouloir que vous autres Messieurs vous les guérissiez : vous n'êtes point auprès d'eux pour cela ; vous n'y êtes que pour recevoir vos pensions, et leur ordonner des remèdes ; c'est à eux à guérir s'ils peuvent.

MONSIEUR DIAFOIRUS. — Cela est vrai. On n'est obligé qu'à traiter les gens dans les formes.

ARGAN, à Cléante. — Monsieur, faites un peu chanter ma fille devant la compagnie.

CLÉANTE. — J'attendais vos ordres, Monsieur, et il m'est venu en pensée, pour divertir la compagnie, de chanter avec Mademoiselle une scène d'un petit opéra qu'on a fait depuis peu. Tenez, voilà votre partie.

ANGÉLIQUE. — Moi ?

CLÉANTE. — Ne vous défendez point, s'il vous plaît, et me laissez vous faire comprendre ce que c'est que la scène que nous devons chanter. Je n'ai pas une voix à chanter ; mais il suffit ici que je me fasse entendre, et l'on aura la bonté de m'excuser par la nécessité où je me trouve de faire chanter Mademoiselle.

ARGAN. — Les vers en sont-ils beaux ?

CLÉANTE. — C'est proprement ici un petit opéra impromptu, et vous n'allez entendre chanter que de la prose cadencée, ou des manières de vers libres, tels que la passion et la nécessité peuvent faire trouver à deux personnes qui disent les choses d'eux-mêmes, et parlent sur-le-champ.

ARGAN. — Fort bien. Écoutons.

CLÉANTE sous le nom d'un berger, explique à sa

*maîtresse son amour depuis leur rencontre, et
ensuite ils s'appliquent leurs pensées l'un à l'autre
en chantant.* — Voici le sujet de la scène. Un
Berger était attentif aux beautés d'un spectacle,
qui ne faisait que de commencer, lorsqu'il fut
tiré de son attention par un bruit qu'il entendit à
ses côtés. Il se retourne, et voit un brutal, qui de
paroles insolentes maltraitait une Bergère.
D'abord il prend les intérêts d'un sexe à qui tous
les hommes doivent hommage ; et après avoir
donné au brutal le châtiment de son insolence,
il vient à la Bergère, et voit une jeune personne
qui, des deux plus beaux yeux qu'il eût jamais
vue, versait des larmes, qu'il trouva les plus
belles du monde. « Hélas ! dit-il en lui-même,
est-on capable d'outrager une personne si
aimable ? Et quel inhumain, quel barbare ne
serait touché par de telles larmes ? » Il prend
soin de les arrêter, ces larmes, qu'il trouve si
belles ; et l'aimable Bergère prend soin en même
temps de le remercier de son léger service, mais
d'une manière si charmante, si tendre, et si pas-
sionnée, que le Berger n'y peut résister ; et
chaque mot, chaque regard, est un trait plein de
flamme, dont son cœur se sent pénétré. « Est-il,
disait-il, quelque chose qui puisse mériter les
aimables paroles d'un tel remerciement ? Et que
ne voudrait-on pas faire, à quels services, à
quels dangers, ne serait-on pas ravi de courir,
pour s'attirer un seul moment des touchantes
douceurs d'une âme si reconnaissante ? » Tout
le spectacle passe sans qu'il y donne aucune
attention ; mais il se plaint qu'il est trop court,
parce qu'en finissant il le sépare de son adorable
Bergère ; et de cette première vue, de ce premier
moment, il emporte chez lui tout ce qu'un
amour de plusieurs années peut avoir de plus
violent. Le voilà aussitôt à sentir tous les maux

de l'absence, et il est tourmenté de ne plus voir ce qu'il a si peu vu. Il fait tout ce qu'il peut pour se redonner cette vue, dont il conserve, nuit et jour, une si chère idée ; mais la grande contrainte où l'on tient sa Bergère lui en ôte tous les moyens. La violence de sa passion le fait résoudre à demander en mariage l'adorable beauté sans laquelle il ne peut plus vivre, et il en obtient d'elle la permission par un billet qu'il a l'adresse de lui faire tenir. Mais dans le même temps on l'avertit que le père de cette belle a conclu son mariage avec un autre, et que tout se dispose pour en célébrer la cérémonie. Jugez quelle atteinte cruelle au cœur de ce triste Berger. Le voilà accablé d'une mortelle douleur. Il ne peut souffrir l'effroyable idée de voir tout ce qu'il aime entre les bras d'un autre ; et son amour au désespoir lui fait trouver moyen de s'introduire dans la maison de sa Bergère, pour apprendre ses sentiments et savoir d'elle la destinée à laquelle il doit se résoudre. Il y rencontre les apprêts de tout ce qu'il craint ; il y voit venir l'indigne rival que le caprice d'un père oppose aux tendresses de son amour. Il le voit triomphant, ce rival ridicule, auprès de l'aimable Bergère, ainsi qu'auprès d'une conquête qui lui est assurée ; et cette vue le remplit d'une colère, dont il a peine à se rendre le maître. Il jette de douloureux regards sur celle qu'il adore ; et son respect, et la présence de son père l'empêchent de lui rien dire que des yeux. Mais enfin il force toute contrainte, et le transport de son amour l'oblige à lui parler ainsi :

(Il chante.)

Belle Philis, c'est trop, c'est trop souffrir ;
Rompons ce dur silence, et m'ouvrez vos pensées.

    Apprenez-moi ma destinée :
    Faut-il vivre ? Faut-il mourir ?

ANGÉLIQUE *répond en chantant :*

Vous me voyez, Tircis, triste et mélancolique,
    Aux apprêts de l'hymen dont vous vous
alarmez :
    Je lève au ciel les yeux, je vous regarde, je
soupire.
        C'est vous en dire assez.

ARGAN. — Ouais ! je ne croyais pas que ma
fille fût si habile que de chanter ainsi à livre
ouvert, sans hésiter.

CLÉANTE

Hélas ! belle Philis,
Se pourrait-il que l'amoureux Tircis
    Eût assez de bonheur,
Pour avoir quelque place dans votre cœur ?

ANGÉLIQUE

Je ne m'en défends point dans cette peine
extrême :
    Oui, Tircis, je vous aime.

CLÉANTE

O parole pleine d'appas !
    Ai-je bien entendu, hélas !
Redites-la, Philis, que je n'en doute pas.

ANGÉLIQUE

Oui, Tircis, je vous aime.

CLÉANTE

De grâce, encor, Philis.

ANGÉLIQUE

Je vous aime.

CLÉANTE

Recommencez cent fois, ne vous en lassez pas.

ANGÉLIQUE

Je vous aime, je vous aime,
Oui, Tircis, je vous aime.

CLÉANTE

Dieux, rois, qui sous vos pieds regardez tout le monde,
Pouvez-vous comparer votre bonheur au mien ?
Mais, Philis, une pensée
Vient troubler ce doux transport :
Un rival, un rival...

ANGÉLIQUE

Ah ! je le hais plus que la mort ;
Et sa présence, ainsi qu'à vous,
M'est un cruel supplice.

CLÉANTE

Mais un père à ses vœux vous veut assujettir.

ANGÉLIQUE

Plutôt, plutôt mourir
Que de jamais y consentir ;
Plutôt, plutôt mourir, plutôt mourir.

ARGAN. — Et que dit le père à tout cela ?

CLÉANTE. — Il ne dit rien.

ARGAN. — Voilà un sot père que ce père-là, de souffrir toutes ces sottises-là sans rien dire.

CLÉANTE

Ah ! mon amour...

ARGAN. — Non, non, en voilà assez. Cette

comédie-là est de fort mauvais exemple. Le berger Tircis est un impertinent, et la bergère Philis une impudente, de parler de la sorte devant son père. Montrez-moi ce papier. Ha, ha. Où sont donc les paroles que vous avez dites ? Il n'y a là que de la musique écrite.

CLÉANTE. — Est-ce que vous ne savez pas, Monsieur, qu'on a trouvé depuis peu l'invention d'écrire les paroles avec les notes mêmes ?

ARGAN. — Fort bien. Je suis votre serviteur, Monsieur ; jusqu'au revoir. Nous nous serions bien passés de votre impertinent d'opéra.

CLÉANTE. — J'ai cru vous divertir.

ARGAN. — Les sottises ne divertissent point. Ah ! voici ma femme.

SCÈNE VI

BÉLINE, ARGAN, TOINETTE, ANGÉLIQUE, MONSIEUR DIAFOIRUS, THOMAS DIAFOIRUS

ARGAN. — Mamour, voilà le fils de Monsieur Diafoirus.

THOMAS DIAFOIRUS *commence un compliment qu'il avait étudié, et la mémoire lui manquant, il ne peut le continuer.* — Madame, c'est avec justice que le Ciel vous a concédé le nom de belle-mère, puisque l'on voit sur votre visage...

BÉLINE. — Monsieur, je suis ravie d'être venue ici à propos pour avoir l'honneur de vous voir.

THOMAS DIAFOIRUS. — Puisque l'on voit sur votre visage... puisque l'on voit sur votre visage... Madame, vous m'avez interrompu dans le milieu de ma période, et cela m'a troublé la mémoire.

Monsieur Diafoirus. — Thomas, réservez cela pour une autre fois.

Argan. — Je voudrais, ma mie, que vous eussiez été ici tantôt.

Toinette. — Ah ! Madame, vous avez bien perdu de n'avoir point été au second père, à la statue de Memnon, et à la fleur nommée héliotrope.

Argan. — Allons, ma fille, touchez dans la main de Monsieur, et lui donnez votre foi, comme à votre mari.

Angélique. — Mon père !

Argan. — Hé bien ! « Mon père » ? Qu'est-ce que cela veut dire ?

Angélique. — De grâce, ne précipitez pas les choses. Donnez-nous au moins le temps de nous connaître, et de voir naître en nous l'un pour l'autre cette inclination si nécessaire à composer une union parfaite.

Thomas Diafoirus. — Quant à moi, Mademoiselle, elle est déjà toute née en moi, et je n'ai pas besoin d'attendre davantage.

Angélique. — Si vous êtes si prompt, Monsieur, il n'en est pas de même de moi, et je vous avoue que votre mérite n'a pas encore fait assez d'impression dans mon âme.

Argan. — Ho bien, bien ! cela aura tout le loisir de se faire, quand vous serez mariés ensemble.

Angélique. — Eh ! mon père, donnez-moi du temps, je vous prie. Le mariage est une chaîne où l'on ne doit jamais soumettre un cœur par force ; et si Monsieur est honnête homme, il ne doit point vouloir accepter une personne qui serait à lui par contrainte.

Thomas Diafoirus. — *Nego consequentiam*, Mademoiselle, et je puis être honnête homme et vouloir bien vous accepter des mains de Monsieur votre père.

ANGÉLIQUE. — C'est un méchant moyen de se faire aimer de quelqu'un que de lui faire violence.

THOMAS DIAFOIRUS. — Nous lisons des anciens, Mademoiselle, que leur coutume était d'enlever par force de la maison des pères les filles qu'on menait marier, afin qu'il ne semblât pas que ce fût de leur consentement qu'elles convolaient dans les bras d'un homme.

ANGÉLIQUE. — Les anciens, Monsieur, sont les anciens, et nous sommes les gens de maintenant. Les grimaces ne sont point nécessaires dans notre siècle ; et quand un mariage nous plaît, nous savons fort bien y aller, sans qu'on nous y traîne. Donnez-vous patience : si vous m'aimez, Monsieur, vous devez vouloir tout ce que je veux.

THOMAS DIAFOIRUS. — Oui, Mademoiselle, jusqu'aux intérêts de mon amour exclusivement.

ANGÉLIQUE. — Mais la grande marque d'amour, c'est d'être soumis aux volontés de celle qu'on aime.

THOMAS DIAFOIRUS. — *Distinguo*, Mademoiselle : dans ce qui ne regarde point sa possession, *concedo* ; mais dans ce qui la regarde, *nego*.

TOINETTE. — Vous avez beau raisonner : Monsieur est frais émoulu du collège, et il vous donnera toujours votre reste. Pourquoi tant résister, et refuser la gloire d'être attaché au corps de la Faculté ?

BÉLINE. — Elle a peut-être quelque inclination en tête.

ANGÉLIQUE. — Si j'en avais, Madame, elle serait telle que la raison et l'honnêteté pourraient me la permettre.

ARGAN. — Ouais ! je joue ici un plaisant personnage.

BÉLINE. — Si j'étais que de vous, mon fils, je ne la forcerais point à se marier, et je sais bien ce que je ferais.

ANGÉLIQUE. — Je sais, Madame, ce que vous voulez dire, et les bontés que vous avez pour moi ; mais peut-être que vos conseils ne seront pas assez heureux pour être exécutés.

BÉLINE. — C'est que les filles bien sages et bien honnêtes, comme vous, se moquent d'être obéissantes, et soumises aux volontés de leurs pères. Cela était bon autrefois.

ANGÉLIQUE. — Le devoir d'une fille a des bornes, Madame, et la raison et les lois ne l'étendent point à toutes sortes de choses.

BÉLINE. — C'est-à-dire que vos pensées ne sont que pour le mariage ; mais vous voulez choisir un époux à votre fantaisie.

ANGÉLIQUE. — Si mon père ne veut pas me donner un mari qui me plaise, je le conjurerai au moins de ne me point forcer à en épouser un que je ne puisse pas aimer.

ARGAN. — Messieurs, je vous demande pardon de tout ceci.

ANGÉLIQUE. — Chacun a son but en se mariant. Pour moi, qui ne veux un mari que pour l'aimer véritablement, et qui prétends en faire tout l'attachement de ma vie, je vous avoue que j'y cherche quelque précaution. Il y en a d'aucunes qui prennent des maris seulement pour se tirer de la contrainte de leurs parents, et se mettre en état de faire tout ce qu'elles voudront. Il y en a d'autres, Madame, qui font du mariage un commerce de pur intérêt, qui ne se marient que pour gagner des douaires, que pour s'enrichir par la mort de ceux qu'elles épousent, et courent sans scrupule de mari en mari, pour s'approprier leurs dépouilles. Ces personnes-là, à la vérité, n'y cherchent pas tant de façons, et regardent peu la personne.

BÉLINE. — Je vous trouve aujourd'hui bien raisonnante, et je voudrais bien savoir ce que vous voulez dire par là.

ANGÉLIQUE. — Moi, Madame, que voudrais-je dire que ce que je dis ?

BÉLINE. — Vous êtes si sotte, ma mie, qu'on ne saurait plus vous souffrir.

ANGÉLIQUE. — Vous voudriez bien, Madame, m'obliger à vous répondre quelque impertinence ; mais je vous avertis que vous n'aurez pas cet avantage.

BÉLINE. — Il n'est rien d'égal à votre insolence.

ANGÉLIQUE. — Non, Madame, vous avez beau dire.

BÉLINE. — Et vous avez un ridicule orgueil, une impertinente présomption qui fait hausser les épaules à tout le monde.

ANGÉLIQUE. — Tout cela, Madame, ne servira de rien. Je serai sage en dépit de vous ; et pour vous ôter l'espérance de pouvoir réussir dans ce que vous voulez, je vais m'ôter de votre vue.

ARGAN. — Écoute, il n'y a point de milieu à cela : choisis d'épouser dans quatre jours, ou Monsieur, ou un couvent. *(A Béline.)* Ne vous mettez pas en peine, je la rangerai bien.

BÉLINE. — Je suis fâchée de vous quitter, mon fils, mais j'ai une affaire en ville, dont je ne puis me dispenser. Je reviendrai bientôt.

ARGAN. — Allez, mamour, et passez chez votre notaire, afin qu'il expédie ce que vous savez.

BÉLINE. — Adieu, mon petit ami.

ARGAN. — Adieu, ma mie. Voilà une femme qui m'aime... cela n'est pas croyable.

MONSIEUR DIAFOIRUS. — Nous allons, Monsieur, prendre congé de vous.

ARGAN. — Je vous prie, Monsieur, de me dire un peu comment je suis.

MONSIEUR DIAFOIRUS *lui tâte le pouls.* — Allons, Thomas, prenez l'autre bras de Monsieur, pour voir si vous saurez porter un bon jugement de son pouls. *Quid dicis ?*

THOMAS DIAFOIRUS. — *Dico* que le pouls de Monsieur est le pouls d'un homme qui ne se porte point bien.

MONSIEUR DIAFOIRUS. — Bon.

THOMAS DIAFOIRUS. — Qu'il est duriuscule, pour ne pas dire dur.

MONSIEUR DIAFOIRUS. — Fort bien.

THOMAS DIAFOIRUS. — Repoussant.

MONSIEUR DIAFOIRUS. — *Bene*.

THOMAS DIAFOIRUS. — Et même un peu caprisant.

MONSIEUR DIAFOIRUS. — *Optime*.

THOMAS DIAFOIRUS. — Ce qui marque une intempérie dans le *parenchyme splénique*, c'est-à-dire la rate.

MONSIEUR DIAFOIRUS. — Fort bien.

ARGAN. — Non : Monsieur Purgon dit que c'est mon foie qui est malade.

MONSIEUR DIAFOIRUS. — Eh ! oui : qui dit *parenchyme*, dit l'un et l'autre, à cause de l'étroite sympathie qu'ils ont ensemble, par le moyen du *vas breve du pylore*, et souvent des *méats cholidoques*. Il vous ordonne sans doute de manger force rôti ?

ARGAN. — Non, rien que du bouilli.

MONSIEUR DIAFOIRUS. — Eh ! oui : rôti, bouilli, même chose. Il vous ordonne fort prudemment, et vous ne pouvez être en de meilleures mains.

ARGAN. — Monsieur, combien est-ce qu'il faut mettre de grains de sel dans un œuf ?

MONSIEUR DIAFOIRUS. — Six, huit, dix, par les nombres pairs ; comme dans les médicaments, par les nombres impairs.

ARGAN. — Jusqu'au revoir, Monsieur.

SCÈNE VII

BÉLINE, ARGAN

BÉLINE. — Je viens, mon fils, avant que de sortir, vous donner avis d'une chose à laquelle il faut que vous preniez garde. En passant par-devant la chambre d'Angélique, j'ai vu un jeune homme avec elle, qui s'est sauvé d'abord qu'il m'a vue.

ARGAN. — Un jeune homme avec ma fille ?

BÉLINE. — Oui. Votre petit fille Louison était avec eux, qui pourra vous en dire des nouvelles.

ARGAN. — Envoyez-la   ici,   mamour, envoyez-la ici. Ah, l'effrontée ! je ne m'étonne plus de sa résistance.

SCÈNE VIII

LOUISON, ARGAN

LOUISON. — Qu'est-ce que vous voulez, mon papa ? Ma belle-maman m'a dit que vous me demandez.

ARGAN. — Oui, venez çà, avancez là. Tournez-vous, levez les yeux, regardez-moi. Eh !

LOUISON. — Quoi, mon papa ?

ARGAN. — Là.

LOUISON. — Quoi ?

ARGAN. — N'avez-vous rien à me dire ?

LOUISON. — Je vous dirai, si vous voulez, pour vous désennuyer, le conte de *Peau d'âne*, ou bien la fable du *Corbeau et du Renard*, qu'on m'a apprise depuis peu.

ARGAN. — Ce n'est pas là ce que je demande.

LOUISON. — Quoi donc ?

ARGAN. — Ah ! rusée, vous savez bien ce que je veux dire.

Louison. — Pardonnez-moi, mon papa.

Argan. — Est-ce là comme vous m'obéissez ?

Louison. — Quoi ?

Argan. — Ne vous ai-je pas recommandé de me venir dire d'abord tout ce que vous voyez ?

Louison. — Oui, mon papa.

Argan. — L'avez-vous fait ?

Louison. — Oui, mon papa. Je vous suis venue dire tout ce que j'ai vu.

Argan. — Et n'avez-vous rien vu aujourd'hui ?

Louison. — Non, mon papa.

Argan. — Non ?

Louison. — Non, mon papa.

Argan. — Assurément ?

Louison. — Assurément.

Argan. — Oh çà ! je m'en vais vous faire voir quelque chose, moi.

> *Il va prendre une poignée de verges.*

Louison. — Ah ! mon papa.

Argan. — Ah, ah ! petite masque, vous ne me dites pas que vous avez vu un homme dans la chambre de votre sœur ?

Louison. — Mon papa !

Argan. — Voici qui vous apprendra à mentir.

Louison *se jette à genoux*. — Ah ! mon papa, je vous demande pardon. C'est que ma sœur m'avait dit de ne pas vous le dire ; mais je m'en vais vous dire tout.

Argan. — Il faut premièrement que vous ayez le fouet pour avoir menti. Puis après nous verrons au reste.

Louison. — Pardon, mon papa !

Argan. — Non, non.

Louison. — Mon pauvre papa, ne me donnez pas le fouet !

Argan. — Vous l'aurez.

Louison. — Au nom de Dieu ! mon papa, que je ne l'aie pas.

Argan, *la prenant pour la fouetter.* — Allons, allons.

Louison. — Ah ! mon papa, vous m'avez blessée. Attendez : je suis morte. *(Elle contrefait la morte.)*

Argan. — Holà ! Qu'est-ce là ? Louison, Louison. Ah, mon Dieu ! Louison. Ah ! ma fille ! Ah ! malheureux, ma pauvre fille est morte. Qu'ai-je fait, misérable ? Ah ! chiennes de verges. La peste soit des verges ! Ah ! ma pauvre fille, ma pauvre petite Louison.

Louison. — Là, là, mon papa, ne pleurez point tant, je ne suis pas morte tout à fait.

Argan. — Voyez-vous la petite rusée ? Oh çà, çà ! je vous pardonne pour cette fois-ci, pourvu que vous me disiez bien tout.

Louison. — Oh ! oui, mon papa.

Argan. — Prenez-y bien garde au moins, car voilà un petit doigt qui sait tout, qui me dira si vous mentez.

Louison. — Mais, mon papa, ne dites pas à ma sœur que je vous l'ai dit.

Argan. — Non, non.

Louison. — C'est, mon papa, qu'il est venu un homme dans la chambre de ma sœur comme j'y étais.

Argan. — Hé bien ?

Louison. — Je lui ai demandé ce qu'il demandait, et il m'a dit qu'il était son maître à chanter.

Argan. — Hon, hon. Voilà l'affaire. Hé bien ?

Louison. — Ma sœur est venue après.

Argan. — Hé bien ?

Louison. — Elle lui a dit : « Sortez, sortez,

sortez, mon Dieu ! sortez ; vous me mettez au désespoir. »

ARGAN. — Hé bien ?

LOUISON. — Et lui, il ne voulait pas sortir.

ARGAN. — Qu'est-ce qu'il lui disait ?

LOUISON. — Il lui disait je ne sais combien de choses.

ARGAN. — Et quoi encore ?

LOUISON. — Il lui disait tout ci, tout ça, qu'il l'aimait bien, et qu'elle était la plus belle du monde.

ARGAN. — Et puis après ?

LOUISON. — Et puis après, il se mettait à genoux devant elle.

ARGAN. — Et puis après ?

LOUISON. — Et puis après, il lui baisait les mains.

ARGAN. — Et puis après ?

LOUISON. — Et puis après, ma belle-maman est venue à la porte, et il s'est enfui.

ARGAN. — Il n'y a point autre chose ?

LOUISON. — Non, mon papa.

ARGAN. — Voilà mon petit doigt pourtant qui gronde quelque chose. *(Il met son doigt à son oreille.)* Attendez. Eh ! ah, ah ! oui ? Oh, oh ! voilà mon petit doigt qui me dit quelque chose que vous avez vu, et que vous ne m'avez pas dit.

LOUISON. — Ah ! mon papa, votre petit doigt est un menteur.

ARGAN. — Prenez garde.

LOUISON. — Non, mon papa, ne le croyez pas, il ment, je vous assure.

ARGAN. — Oh bien, bien ! nous verrons cela. Allez-vous-en, et prenez bien garde à tout : allez. Ah ! il n'y a plus d'enfants. Ah ! que d'affaires ! je n'ai pas seulement le loisir de songer à ma maladie. En vérité, je n'en puis plus.

Il se remet dans sa chaise.

SCÈNE IX

BÉRALDE, ARGAN

BÉRALDE. — Hé bien ! mon frère, qu'est-ce ? comment vous portez-vous ?

ARGAN. — Ah ! mon frère, fort mal.

BÉRALDE. — Comment, « fort mal » ?

ARGAN. — Oui, je suis dans une faiblesse si grande que cela n'est pas croyable.

BÉRALDE. — Voilà qui est fâcheux.

ARGAN. — Je n'ai pas seulement la force de pouvoir parler.

BÉRALDE. — J'étais venu ici, mon frère, vous proposer un parti pour ma nièce Angélique.

ARGAN, *parlant avec emportement, et se levant de sa chaise.* — Mon frère, ne me parlez point de cette coquine-là. C'est une friponne, une impertinente, une effrontée, que je mettrai dans un couvent avant qu'il soit deux jours.

BÉRALDE. — Ah ! voilà qui est bien : je suis bien aise que la force vous revienne un peu, et que ma visite vous fasse du bien. Oh ! çà ! nous parlerons d'affaires tantôt. Je vous amène ici un divertissement, que j'ai rencontré, qui dissipera votre chagrin, et vous rendra l'âme mieux disposée aux choses que nous avons à dire. Ce sont des Égyptiens, vêtus en Mores, qui font des danses mêlées de chansons, où je suis sûr que vous prendrez plaisir ; et cela vaudra bien une ordonnance de Monsieur Purgon. Allons.

SECOND INTERMÈDE

Le frère du Malade imaginaire lui amène, pour le divertir, plusieurs Égyptiens et Égyptiennes, vêtus en Mores, qui font des danses entremêlées de chansons.

PREMIÈRE FEMME MORE

Profitez du printemps
De vos beaux ans,
Aimable jeunesse ;
Profitez du printemps
De vos beaux ans,
Donnez-vous à la tendresse.

Les plaisirs les plus charmants,
Sans l'amoureuse flamme,
Pour contenter une âme
N'ont points d'attraits assez puissants.

Profitez du printemps
De vos beaux ans,
Aimable jeunesse ;
Profitez du printemps
De vos beaux ans,
Donnez-vous à la tendresse.
Ne perdez point ces précieux moments :
La beauté passe,
Le temps l'efface,
L'âge de glace
Vient à sa place,
Qui nous ôte le goût de ces doux passe-temps.

Profitez du printemps
De vos beaux ans
Aimable jeunesse ;
Profitez du printemps
De vos beaux ans.
Donnez-vous à la tendresse.

SECONDE FEMME MORE

Quand d'aimer on nous presse
A quoi songez-vous ?
Nos cœurs, dans la jeunesse,
N'ont vers la tendresse

Qu'un penchant trop doux ;
L'amour a pour nous prendre
De si doux attraits
Que de soi, sans attendre,
On voudrait se rendre
A ses premiers traits :
Mais tout ce qu'on écoute
Des vives douleurs
Et des pleurs
Qu'il nous coûte
Fait qu'on en redoute
Toutes les douceurs.

TROISIÈME FEMME MORE

Il est doux, à notre âge,
D'aimer tendrement
Un amant
Qui s'engage :
Mais s'il est volage,
Hélas ! quel tourment !

QUATRIÈME FEMME MORE

L'amant qui se dégage
N'est pas le malheur :
La douleur
Et la rage,
C'est que le volage
Garde notre cœur.

SECONDE FEMME MORE

Quel parti faut-il prendre
Pour nos jeunes cœurs ?

QUATRIÈME FEMME MORE

Devons-nous nous y rendre
Malgré ses rigueurs ?

ENSEMBLE

Oui, suivons ses ardeurs,
Ses transports, ses caprices,

Ses douces langueurs ;
S'il a quelques supplices,
Il a cent délices
Qui charment les cœurs.

ENTRÉE DE BALLET

Tous les Mores dansent ensemble et font sauter des singes
qu'ils ont amenés avec eux.

ACTE III

SCÈNE I

BÉRALDE, ARGAN, TOINETTE

BÉRALDE. — Hé bien ! mon frère, qu'en dites-vous ? cela ne vaut-il pas bien une prise de casse ?

TOINETTE. — Hon, de bonne casse est bonne.

BÉRALDE. — Oh çà ! voulez-vous que nous parlions un peu ensemble ?

ARGAN. — Un peu de patience, mon frère, je vais revenir.

TOINETTE. — Tenez, Monsieur, vous ne songez pas que vous ne sauriez marcher sans bâton.

ARGAN. — Tu as raison.

SCÈNE II

BÉRALDE, TOINETTE

TOINETTE. — N'abandonnez pas, s'il vous plaît, les intérêts de votre nièce.

BÉRALDE. — J'emploierai toutes choses pour lui obtenir ce qu'elle souhaite.

TOINETTE. — Il faut absolument empêcher ce mariage extravagant qu'il s'est mis dans la fantaisie, et j'avais songé en moi-même que ç'aurait été une bonne affaire de pouvoir introduire ici un médecin à notre poste, pour le dégoûter de son Monsieur Purgon, et lui décrier sa conduite. Mais, comme nous n'avons personne en main pour cela, j'ai résolu de jouer un tour de ma tête.

BÉRALDE. — Comment ?

TOINETTE. — C'est une imagination burlesque. Cela sera peut-être plus heureux que sage. Laissez-moi faire : agissez de votre côté. Voici notre homme.

SCÈNE III

ARGAN, BÉRALDE

BÉRALDE. — Vous voulez bien, mon frère, que je vous demande, avant toute chose, de ne vous point échauffer l'esprit dans notre conversation.

ARGAN. — Voilà qui est fait.

BÉRALDE. — De répondre sans nulle aigreur aux choses que je pourrai vous dire.

ARGAN. — Oui.

BÉRALDE. — Et de raisonner ensemble, sur les affaires dont nous avons à parler, avec un esprit détaché de toute passion.

ARGAN. — Mon Dieu ! oui. Voilà bien du préambule.

BÉRALDE. — D'où vient, mon frère, qu'ayant le bien que vous avez, et n'ayant d'enfants qu'une fille, car je ne compte pas la petite, d'où vient, dis-je, que vous parlez de la mettre dans un couvent ?

ARGAN. — D'où vient, mon frère, que je suis maître dans ma famille pour faire ce que bon me semble ?

BÉRALDE. — Votre femme ne manque pas de vous conseiller de vous défaire ainsi de vos deux filles, et je ne doute point que, par un esprit de charité, elle ne fût ravie de les voir toutes deux bonnes religieuses.

ARGAN. — Oh çà ! nous y voici. Voilà d'abord la pauvre femme en jeu : c'est elle qui fait tout le mal, et tout le monde lui en veut.

BÉRALDE. — Non, mon frère ; laissons-la là ; c'est une femme qui a les meilleures intentions du monde pour votre famille, et qui est détachée de toute sorte d'intérêt, qui a pour vous une tendresse merveilleuse, et qui montre pour vos enfants une affection et une bonté qui n'est pas concevable : cela est certain. N'en parlons point, et revenons à votre fille. Sur quelle pensée, mon frère, la voulez-vous donner en mariage au fils d'un médecin ?

ARGAN. — Sur la pensée, mon frère, de me donner un gendre tel qu'il me faut.

BÉRALDE. — Ce n'est point là, mon frère, le fait de votre fille, et il se présente un parti plus sortable pour elle.

ARGAN. — Oui, mais celui-ci, mon frère, est plus sortable pour moi.

BÉRALDE. — Mais le mari qu'elle doit prendre doit-il être, mon frère, ou pour elle, ou pour vous ?

ARGAN. — Il doit être, mon frère, et pour elle, et pour moi, et je veux mettre dans ma famille les gens dont j'ai besoin.

BÉRALDE. — Par cette raison-là, si votre petite était grande, vous lui donneriez en mariage un apothicaire ?

ARGAN. — Pourquoi non ?

BÉRALDE. — Est-il possible que vous serez toujours embéguiné de vos apothicaires et de vos médecins, et que vous vouliez être malade en dépit des gens et de la nature ?

ARGAN. — Comment l'entendez-vous, mon frère ?

BÉRALDE. — J'entends, mon frère, que je ne vois point d'homme qui soit moins malade que vous, et que je ne demanderais point une meilleure constitution que la vôtre. Une grande marque que vous vous portez bien, et que vous avez un corps parfaitement bien composé, c'est qu'avec tous les soins que vous avez pris, vous n'avez pu parvenir encore à gâter la bonté de votre tempérament, et que vous n'êtes point crevé de toutes les médecines qu'on vous a fait prendre.

ARGAN. — Mais savez-vous, mon frère, que c'est cela qui me conserve, et que Monsieur Purgon dit que je succomberais, s'il était seulement trois jours sans prendre soin de moi ?

BÉRALDE. — Si vous n'y prenez garde, il prendra tant de soin de vous qu'il vous enverra en l'autre monde.

ARGAN. — Mais raisonnons un peu, mon frère. Vous ne croyez donc point à la médecine ?

BÉRALDE. — Non, mon frère, et je ne vois pas que, pour son salut, il soit nécessaire d'y croire.

ARGAN. — Quoi ? vous ne tenez pas véritable une chose établie par tout le monde, et que tous les siècles ont révérée ?

BÉRALDE. — Bien loin de la tenir véritable, je la trouve, entre nous, une des plus grandes folies qui soit parmi les hommes ; et à regarder les choses en philosophe, je ne vois point de plus plaisante momerie, je ne vois rien de plus ridicule qu'un homme qui se veut mêler d'en guérir un autre.

ARGAN. — Pourquoi ne voulez-vous pas, mon frère, qu'un homme en puisse guérir un autre ?

BÉRALDE. — Par la raison, mon frère, que les ressorts de notre machine sont des mystères, jusques ici, où les hommes ne voient goutte, et que la nature nous a mis au-devant des yeux des voiles trop épais pour y connaître quelque chose.

ARGAN. — Les médecins ne savent donc rien , à votre compte ?

BÉRALDE. — Si fait, mon frère. Ils savent la plupart de fort belles humanités, savent parler en beau latin, savent nommer en grec toutes les maladies, les définir et les diviser ; mais, pour ce qui est de les guérir, c'est ce qu'ils ne savent point du tout.

ARGAN. — Mais toujours faut-il demeurer d'accord que, sur cette matière, les médecins en savent plus que les autres.

BÉRALDE. — Ils savent, mon frère, ce que je vous ai dit, qui ne guérit pas de grand-chose ; et toute l'excellence de leur art consiste en un pompeux galimatias, en un spécieux babil, qui vous donne des mots pour des raisons, et des promesses pour des effets.

ARGAN. — Mais enfin, mon frère, il y a des gens aussi sages et aussi habiles que vous ; et nous voyons que, dans la maladie, tout le monde a recours aux médecins.

BÉRALDE. — C'est une marque de la faiblesse humaine, et non pas de la vérité de leur art.

ARGAN. — Mais il faut bien que les médecins croient leur art véritable, puisqu'ils s'en servent pour eux-mêmes.

BÉRALDE. — C'est qu'il y en a parmi eux qui sont eux-mêmes dans l'erreur populaire, dont ils profitent, et d'autres qui en profitent sans y être. Votre Monsieur Purgon, par exemple, n'y sait point de finesse : c'est un homme tout médecin, depuis la tête jusqu'aux pieds ; un homme qui croit à ses règles plus qu'à toutes les démonstrations des mathématiques, et qui croirait du crime à les vouloir examiner ; qui ne voit rien d'obscur dans la médecine, rien de douteux, rien de difficile, et qui, avec une impétuosité de prévention, une roideur de confiance, une brutalité de sens commun et de raison, donne au travers des purgations et des saignées, et ne balance aucune chose. Il ne lui faut point vouloir mal de tout ce qu'il pourra vous faire : c'est de la meilleure foi du monde qu'il vous expédiera, et il ne fera, en vous tuant, que ce qu'il a fait à sa femme et à ses enfants, et ce qu'en un besoin il ferait à lui-même.

ARGAN. — C'est que vous avez, mon frère, une dent de lait contre lui. Mais enfin venons au fait. Que faire donc quand on est malade ?

BÉRALDE. — Rien, mon frère.

ARGAN. — Rien ?

BÉRALDE. — Rien. Il ne faut que demeurer en repos. La nature, d'elle-même, quand nous la laissons faire, se tire doucement du désordre où elle est tombée. C'est notre inquiétude, c'est notre impatience qui gâte tout, et presque tous les hommes meurent de leurs remèdes, et non pas de leurs maladies.

ARGAN. — Mais il faut demeurer d'accord, mon frère, qu'on peut aider cette nature par de certaines choses.

BÉRALDE. — Mon Dieu ! mon frère, ce sont pures idées, dont nous aimons à nous repaître ; et, de tout temps, il s'est glissé parmi les hommes de belles imaginations, que nous venons à croire, parce qu'elles nous flattent et qu'il serait à souhaiter qu'elles fussent véritables. Lorsqu'un médecin vous parle d'aider, de secourir, de soulager la nature, de lui ôter ce qui lui nuit et lui donner ce qui lui manque, de la rétablir et de la remettre dans une pleine facilité de ses fonctions ; lorsqu'il vous parle de rectifier le sang, de tempérer les entrailles et le cerveau, de dégonfler la rate, de racommoder la poitrine, de réparer le foie, de fortifier le cœur, de rétablir et conserver la chaleur naturelle, et d'avoir des secrets pour étendre la vie à de longues années : il vous dit justement le roman de la médecine. Mais quand vous en venez à la vérité et à l'expérience, vous ne trouvez rien de tout cela, et il en est comme de ces beaux songes qui ne vous laissent au réveil que le déplaisir de les avoir crus.

ARGAN. — C'est-à-dire que toute la science du monde est renfermée dans votre tête, et vous voulez en savoir plus que tous les grands médecins de notre siècle.

BÉRALDE. — Dans les discours et dans les choses, ce sont deux sortes de personnes que vos grands médecins. Entendez-les parler : les plus habiles gens du monde ; voyez-les faire ; les plus ignorants de tous les hommes.

ARGAN. — Hoy ! Vous êtes un grand docteur, à ce que je vois, et je voudrais bien qu'il y eût ici quelqu'un de ces Messieurs pour rembarrer vos raisonnements et rabaisser votre caquet.

BÉRALDE. — Moi, mon frère, je ne prends point à tâche de combattre la médecine ; et chacun, à ses périls et fortune, peut croire tout ce qu'il lui plaît. Ce que j'en dis n'est qu'entre nous, et j'aurais souhaité de pouvoir un peu vous tirer de l'erreur où vous êtes, et, pour vous divertir, vous mener voir sur ce chapitre quelqu'une des comédies de Molière.

ARGAN. — C'est un bon impertinent que votre Molière avec ses comédies, et je le trouve bien plaisant d'aller jouer d'honnêtes gens comme les médecins.

BÉRALDE. — Ce ne sont point les médecins qu'il joue, mais le ridicule de la médecine.

ARGAN. — C'est bien à lui à faire de se mêler de contrôler la médecine ; voilà un bon nigaud, un bon impertinent, de se moquer des consultations et des ordonnances, de s'attaquer au corps des médecins, et d'aller mettre sur son théâtre des personnes vénérables comme ces Messieurs-là.

BÉRALDE. — Que voulez-vous qu'il y mette que les diverses professions des hommes ? On y met bien tous les jours les princes et les rois, qui sont d'aussi bonne maison que les médecins.

ARGAN. — Par la mort non de diable ! si j'étais que des médecins, je me vengerais de son impertinence ; et quand il sera malade, je le laisserais mourir sans secours. Il aurait beau faire et beau dire, je ne lui ordonnerais pas la moindre petite saignée, le moindre petit lavement, et je lui dirais : « Crève, crève ! cela t'apprendra une autre fois à te jouer à la Faculté. »

BÉRALDE. — Vous voilà bien en colère contre lui.

ARGAN. — Oui, c'est un malavisé, et si les médecins sont sages, ils feront ce que je dis.

BÉRALDE. — Il sera encore plus sage que vos médecins, car il ne leur demandera point de secours.

ARGAN. — Tant pis pour lui s'il n'a point recours aux remèdes.

BÉRALDE. — Il a ses raisons pour n'en point vouloir, et il soutient que cela n'est permis qu'aux gens vigoureux et robustes, et qui ont des forces de reste pour porter les remèdes avec la maladie ; mais que, pour lui, il n'a justement de la force que pour porter son mal.

ARGAN. — Les sottes raisons que voilà ! Tenez, mon frère, ne parlons point de cet homme-là davantage, car cela m'échauffe la bile, et vous me donneriez mon mal.

BÉRALDE. — Je le veux bien, mon frère ; et, pour changer de discours, je vous dirai que, sur une petite répugnance que vous témoigne votre fille, vous ne devez point prendre les résolutions violentes de la mettre dans un couvent ; que, pour le choix d'un gendre, il ne vous faut pas suivre aveuglément la passion qui vous emporte, et qu'on doit, sur cette matière, s'accommoder un peu à l'inclination d'une fille, puisque c'est pour toute la vie, et que de là dépend tout le bonheur d'un mariage.

SCÈNE IV

MONSIEUR FLEURANT, *une seringue à la main* ;
ARGAN, BÉRALDE

ARGAN. — Ah ! mon frère, avec votre permission.

BÉRALDE. — Comment ? que voulez-vous faire ?

ARGAN. — Prendre ce petit lavement-là ; ce sera bientôt fait.

BÉRALDE. — Vous vous moquez. Est-ce que vous ne sauriez être un moment sans lavement ou sans médecine ? Remettez cela à une autre fois, et demeurez un peu en repos.

ARGAN. — Monsieur Fleurant, à ce soir, ou à demain au matin.

MONSIEUR FLEURANT, *à Béralde*. — De quoi vous mêlez-vous de vous opposer aux ordonnances de la médecine, et d'empêcher Monsieur de prendre mon clystère ? Vous êtes bien plaisant d'avoir cette hardiesse-là !

BÉRALDE. — Allez, Monsieur, on voit bien que vous n'avez pas accoutumé de parler à des visages.

MONSIEUR FLEURANT. — On ne doit point ainsi se jouer des remèdes, et me faire perdre mon temps. Je ne suis venu ici que sur une bonne ordonnance, et je vais dire à Monsieur Purgon comme on m'a empêché d'exécuter ses ordres et de faire ma fonction. Vous verrez, vous verrez...

ARGAN. — Mon frère, vous serez cause ici de quelque malheur.

BÉRALDE. — Le grand malheur de ne pas prendre un lavement que Monsieur Purgon a ordonné. Encore un coup, mon frère, est-il possible qu'il n'y ait pas moyen de vous guérir de la maladie des médecins, et que vous vouliez être, toute votre vie, enseveli dans leurs remèdes ?

ARGAN. — Mon Dieu ! mon frère, vous en parlez comme un homme qui se porte bien ; mais, si vous étiez à ma place, vous changeriez bien de langage. Il est aisé de parler contre la médecine quand on est en pleine santé.

BÉRALDE. — Mais quel mal avez-vous ?

ARGAN. — Vous me feriez enrager. Je voudrais que vous l'eussiez mon mal, pour voir si vous jaseriez tant. Ah ! voici Monsieur Purgon.

SCÈNE V

MONSIEUR PURGON, ARGAN, BÉRALDE, TOINETTE

MONSIEUR PURGON. — Je viens d'apprendre là-bas, à la porte de jolies nouvelles : qu'on se moque ici de mes ordonnances, et qu'on a fait refus de prendre le remède que j'avais prescrit.

ARGAN. — Monsieur, ce n'est pas...

MONSIEUR PURGON. — Voilà une hardiesse bien grande, une étrange rébellion d'un malade contre son médecin.

TOINETTE. — Cela est épouvantable.

MONSIEUR PURGON. — Un clystère que j'avais pris plaisir à composer moi-même.

ARGAN. — Ce n'est pas moi...

MONSIEUR PURGON. — Inventé et formé dans toutes les règles de l'art.

TOINETTE. — Il a tort.

MONSIEUR PURGON. — Et qui devait faire dans des entrailles un effet merveilleux...

ARGAN. — Mon frère ?

MONSIEUR PURGON. — Le renvoyer avec mépris !

ARGAN. — C'est lui...

MONSIEUR PURGON. — C'est une action exorbitante.

TOINETTE. — Cela est vrai.

MONSIEUR PURGON. — Un attentat énorme contre la médecine.

ARGAN. — Il est cause...

MONSIEUR PURGON. — Un crime de lèse-Faculté, qui ne se peut assez punir.

TOINETTE. — Vous avez raison.

MONSIEUR PURGON. — Je vous déclare que je romps commerce avec vous.

ARGAN. — C'est mon frère...

MONSIEUR PURGON. — Que je ne veux plus d'alliance avec vous.

TOINETTE. — Vous ferez bien.

MONSIEUR PURGON. — Et que, pour finir toute liaison avec vous, voilà la donation que je faisais à mon neveu, en faveur du mariage.

ARGAN. — C'est mon frère qui a fait tout le mal.

MONSIEUR PURGON. — Mépriser mon clystère !

ARGAN. — Faites-le venir, je m'en vais le prendre.

MONSIEUR PURGON. — Je vous aurais tiré d'affaire avant qu'il fût peu.

TOINETTE. — Il ne le mérite pas.

MONSIEUR PURGON. — J'allais nettoyer votre corps et en évacuer entièrement les mauvaises humeurs.

ARGAN. — Ah, mon frère !

MONSIEUR PURGON. — Et je ne voulais plus qu'une douzaine de médecines, pour vider le fond du sac.

TOINETTE. — Il est indigne de vos soins.

MONSIEUR PURGON. — Mais puisque vous n'avez pas voulu guérir par mes mains,

ARGAN. — Ce n'est pas ma faute.

MONSIEUR PURGON. — Puisque vous vous êtes soustrait de l'obéissance que l'on doit à son médecin,

TOINETTE. — Cela crie vengeance.

MONSIEUR PURGON. — Puisque vous vous êtes déclaré rebelle aux remèdes que je vous ordonnais...

ARGAN. — Hé ! point du tout.

MONSIEUR PURGON. — J'ai à vous dire que je vous abandonne à votre mauvaise constitution, à l'intempérie de vos entrailles, à la corruption de votre sang, à l'âcreté de votre bile et à la féculence de vos humeurs.

TOINETTE. — C'est fort bien fait.

ARGAN. — Mon Dieu !

MONSIEUR PURGON. — Et je veux qu'avant qu'il soit quatre jours vous deveniez dans un état incurable.

ARGAN. — Ah ! miséricorde !

MONSIEUR PURGON. — Que vous tombiez dans la bradypepsie.

ARGAN. — Monsieur Purgon !

MONSIEUR PURGON. — De la bradypepsie dans
la dyspepsie.

ARGAN. — Monsieur Purgon !

MONSIEUR PURGON. — De la dyspepsie dans
l'apepsie.

ARGAN. — Monsieur Purgon !

MONSIEUR PURGON. — De l'apepsie dans la
lienterie...

ARGAN. — Monsieur Purgon !

MONSIEUR PURGON. — De la lienterie dans la
dyscntcric...

ARGAN. — Monsieur Purgon !

MONSIEUR PURGON. — De la dysenterie dans
l'hydropisie...

ARGAN. — Monsieur Purgon !

MONSIEUR PURGON. — Et de l'hydropisie dans
la privation de la vie, où vous aura conduit votre
folie.

SCÈNE VI

ARGAN, BÉRALDE

ARGAN. — Ah, mon Dieu ! je suis mort. Mon
frèrc, vous m'avez perdu.

BÉRALDE. — Quoi ? qu'y a-t-il ?

ARGAN. — Je n'en puis plus. Je sens déjà que
la médecine se venge.

BÉRALDE. — Ma foi ! mon frère, vous êtes fou,
et je ne voudrais pas, pour beaucoup de choses,
qu'on vous vît faire ce que vous faites. Tâtez-
vous un peu, je vous prie, revenez à vous-même,
et ne donnez point tant à votre imagination.

ARGAN. — Vous voyez, mon frère, les
étranges maladies dont il m'a menacé.

BÉRALDE. — Le simple homme que vous êtes !

ARGAN. — Il dit que je deviendrai incurable
avant qu'il soit quatre jours.

BÉRALDE. — Et ce qu'il dit, que fait-il à la chose ? Est-ce un oracle qui a parlé ? Il me semble, à vous entendre, que Monsieur Purgon tienne dans ses mains le filet de vos jours, et que, d'autorité suprême, il vous l'allonge et vous le raccourcisse comme il lui plaît. Songez que les principes de votre vie sont en vous-même, et que le courroux de Monsieur Purgon est aussi peu capable de vous faire mourir que ses remèdes de vous faire vivre. Voici une aventure, si vous voulez, à vous défaire des médecins, ou, si vous êtes né à ne pouvoir vous en passer, il est aisé d'en avoir un autre, avec lequel, mon frère, vous puissiez courir un peu moins de risque.

ARGAN. — Ah ! mon frère, il sait tout mon tempérament et la manière dont il faut me gouverner.

BÉRALDE. — Il faut vous avouer que vous êtes un homme d'une grande prévention, et que vous voyez les choses avec d'étranges yeux.

SCÈNE VII

TOINETTE, ARGAN, BÉRALDE

TOINETTE. — Monsieur, voilà un médecin qui demande à vous voir.

ARGAN. — Et quel médecin ?

TOINETTE. — Un médecin de la médecine.

ARGAN. — Je te demande qui il est ?

TOINETTE. — Je ne le connais pas ; mais il me ressemble comme deux gouttes d'eau, et si je n'étais sûr que ma mère était honnête femme, je dirais que ce serait quelque petit frère qu'elle m'aurait donné depuis le trépas de mon père.

ARGAN. — Fais-le venir.

BÉRALDE. — Vous êtes servi à souhait : un médecin vous quitte, un autre se présente.

ARGAN. — J'ai bien peur que vous ne soyez cause de quelque malheur.

BÉRALDE. — Encore ! vous en revenez toujours là ?

ARGAN. — Voyez-vous ? j'ai sur le cœur toutes ces maladies-là que je ne connais point, ces...

SCÈNE VIII

TOINETTE, *en médecin* ; ARGAN, BÉRALDE

TOINETTE. — Monsieur, agréer que je vienne vous rendre visite et vous offrir mes petits services pour toutes les saignées et les purgations dont vous aurez besoin.

ARGAN. — Monsieur, je vous suis fort obligé. Par ma foi ! voilà Toinette elle-même.

TOINETTE. — Monsieur, je vous prie de m'excuser, j'ai oublié de donner une commission à mon valet ; je reviens tout à l'heure.

ARGAN. — Eh ! ne diriez-vous pas que c'est effectivement Toinette ?

BÉRALDE. — Il est vrai que la ressemblance est tout à fait grande. Mais ce n'est pas la première fois qu'on a vu de ces sortes de choses, et les histoires ne sont pleines que de ces jeux de la nature.

ARGAN. — Pour moi, j'en suis surpris, et...

SCÈNE IX

TOINETTE, ARGAN, BÉRALDE

TOINETTE *quitte son habit de médecin si promptement qu'il est difficile de croire que ce soit elle qui a paru en médecin.* — Que voulez-vous, Monsieur ?

ARGAN. — Comment ?

TOINETTE. — Ne m'avez-vous pas appelée ?

ARGAN. — Moi ? non.

TOINETTE. — Il faut donc que les oreilles m'aient corné.

ARGAN. — Demeure un peu ici pour voir comme ce médecin te ressemble.

TOINETTE , *en sortant*. — Oui, vraiment, j'ai affaire là-bas, et je l'ai assez vu.

ARGAN. — Si je ne les voyais tous deux, je croirais que ce n'est qu'un.

BÉRALDE. — J'ai lu des choses surprenantes de ces sortes de ressemblances, et nous en avons vu de notre temps où tout le monde s'est trompé.

ARGAN. — Pour moi, j'aurais été trompé à celle-là, et j'aurais juré que c'est la même personne.

SCÈNE X

TOINETTE, *en médecin* ; ARGAN, BÉRALDE

TOINETTE. — Monsieur, je vous demande pardon de tout mon cœur.

ARGAN. — Cela est admirable !

TOINETTE. — Vous ne trouverez pas mauvais, s'il vous plaît, la curiosité que j'ai eue de voir un illustre malade comme vous êtes ; et votre réputation, qui s'étend partout, peut excuser la liberté que j'ai prise.

ARGAN. — Monsieur, je suis votre serviteur.

TOINETTE. — Je vois, Monsieur, que vous me regardez fixement. Quel âge croyez-vous bien que j'aie ?

ARGAN. — Je crois que tout au plus vous pouvez avoir vingt-six ou vint-sept ans.

Toinette. — Ah ! ah ! ah ! ah ! ah ! j'en ai quatre-vingt-dix.

Argan. — Quatre-vingt-dix ?

Toinette. — Oui. Vous voyez un effet des secrets de mon art, de me conserver ainsi frais et vigoureux.

Argan. — Par ma foi ! voilà un beau jeune vieillard pour quatre-vingt-dix ans.

Toinette. — Je suis médecin passager, qui vais de ville en ville, de province en province, de royaume en royaume, pour chercher d'illustres matières à ma capacité, pour trouver des malades dignes de m'occuper, capables d'exercer les grands et beaux secrets que j'ai trouvés dans la médecine. Je dédaigne de m'amuser à ce menu fatras de maladies ordinaires, à ces bagatelles de rhumatisme et défluxions, à ces fiévrottes, à ces vapeurs, et à ces migraines. Je veux des maladies d'importance : de bonnes fièvres continues avec des transports au cerveau, de bonnes fièvres pourprées, de bonnes pestes, de bonnes hydropisies formées, de bonnes pleurésies avec des inflammations de poitrine : c'est là que je triomphe ; et je voudrais, Monsieur, que vous eussiez toutes les maladies que je viens de dire, que vous fussiez abandonné de tous les médecins, désespéré, à l'agonie, pour vous montrer l'excellence de mes remèdes, et l'envie que j'aurais de vous rendre service.

Argan. — Je vous suis obligé, Monsieur, des bontés que vous avez pour moi.

Toinette. — Donnez-moi votre pouls. Allons donc, que l'on batte comme il faut. Ahy, je vous ferai bien aller comme vous devez. Hoy, ce pouls-là fait l'impertinent : je vois bien que vous ne me connaissez pas encore. Qui est votre médecin ?

ARGAN. — Monsieur Purgon.

TOINETTE. — Cet homme-là n'est point écrit sur mes tablettes entre les grands médecins. De quoi dit-il que vous êtes malade ?

ARGAN. — Il dit que c'est du foie, et d'autres disent que c'est de la rate.

TOINETTE. — Ce sont tous des ignorants : c'est du poumon que vous êtes malade.

ARGAN. — Du poumon ?

TOINETTE. — Oui. Que sentez-vous ?

ARGAN. — Je sens de temps en temps des douleurs de tête.

TOINETTE. — Justement, le poumon.

ARGAN. — Il me semble parfois que j'ai un voile devant les yeux.

TOINETTE. — Le poumon.

ARGAN. — J'ai quelquefois des maux de cœur.

TOINETTE. — Le poumon.

ARGAN. — Je sens parfois des lassitudes par tous les membres.

TOINETTE. — Le poumon.

ARGAN. — Et quelquefois il me prend des douleurs dans le ventre, comme si c'était des coliques.

TOINETTE. — Le poumon. Vous avez appétit à ce que vous mangez ?

ARGAN. — Oui, Monsieur.

TOINETTE. — Le poumon. Vous aimez à boire un peu de vin ?

ARGAN. — Oui, Monsieur.

TOINETTE. — Le poumon. Il vous prend un petit sommeil après le repas et vous êtes bien aise de dormir ?

ARGAN. — Oui, Monsieur.

TOINETTE. — Le poumon, le poumon, vous dis-je. Que vous ordonne votre médecin pour votre nourriture ?

ARGAN. — Il m'ordonne du potage.

Toinette. — Ignorant.

Argan. — De la volaille.

Toinette. — Ignorant.

Argan. — Du veau.

Toinette. — Ignorant.

Argan. — Des bouillons.

Toinette. — Ignorant.

Argan. — Des œufs frais.

Toinette. — Ignorant.

Argan. — Et le soir de petits pruneaux pour lâcher le ventre.

Toinette. — Ignorant.

Argan. — Et surtout de boire mon vin fort trempé.

Toinette. — *Ignorantus, ignoranta, ignorantum.* Il faut boire votre vin pur ; et pour épaissir votre sang qui est trop subtil, il faut manger de bon gros bœuf, de bon gros porc, de bon fromage de Hollande, du gruau et du riz, et des marrons et des oublies, pour coller et conglutiner. Votre médecin est une bête. Je veux vous en envoyer un de ma main, et je viendrai vous voir de temps en temps, tandis que je serai en cette ville.

Argan. — Vous m'obligez beaucoup.

Toinette. — Que diantre faites-vous de ce bras-là ?

Argan. — Comment ?

Toinette. — Voilà un bras que je me ferais couper tout à l'heure, si j'étais que de vous.

Argan. — Et pourquoi ?

Toinette. — Ne voyez-vous pas qu'il tire à soi toute la nourriture, et qu'il empêche ce côté-là de profiter ?

Argan. — Oui ; mais j'ai besoin de mon bras.

Toinette. — Vous avez là aussi un œil droit que je me ferais crever, si j'étais en votre place.

Argan. — Crever un œil ?

TOINETTE. — Ne voyez-vous pas qu'il incommode l'autre, et lui dérobe sa nourriture ? Croyez-moi, faites-vous-le crever au plus tôt, vous en verrez plus clair de l'œil gauche.

ARGAN. — Cela n'est pas pressé.

TOINETTE. — Adieu. Je suis fâché de vous quitter si tôt ; mais il faut que je me trouve à une grande consultation qui se doit faire pour un homme qui mourut hier.

ARGAN. — Pour un homme qui mourut hier ?

TOINETTE. — Oui, pour aviser, et voir ce qu'il aurait fallu lui faire pour le guérir. Jusqu'au revoir.

ARGAN. — Vous savez que les malades ne reconduisent point.

BÉRALDE. — Voilà un médecin vraiment qui paraît fort habile.

ARGAN. — Oui, mais il va un peu bien vite.

BÉRALDE. — Tous les grands médecins sont comme cela.

ARGAN. — Me couper un bras, et me crever un œil, afin que l'autre se porte mieux ? J'aime bien mieux qu'il ne se porte pas si bien. La belle opération, de me rendre borgne et manchot !

SCÈNE XI

TOINETTE, ARGAN, BÉRALDE

TOINETTE. — Allons, allons, je suis votre servante, je n'ai pas envie de rire.

ARGAN. — Qu'est-ce que c'est ?

TOINETTE. — Votre médecin, ma foi ! qui me voulait tâter le pouls.

ARGAN. — Voyez un peu, à l'âge de quatre-vingt-dix ans !

BÉRALDE. — Oh çà, mon frère, puisque voilà

votre Monsieur Purgon brouillé avec vous, ne voulez-vous pas bien que je vous parle au parti qui s'offre pour ma nièce ?

ARGAN. — Non, mon frère : je veux la mettre dans un couvent, puisqu'elle s'est opposée à mes volontés. Je vois bien qu'il y a quelque amourette là-dessous, et j'ai découvert certaine entrevue secrète, qu'on ne sait pas que j'aie découverte.

BÉRALDE. — Hé bien ! mon frère, quand il y aurait quelque petite inclination, cela serait-il si criminel, et rien peut-il vous offenser, quand tout ne va qu'à des choses honnêtes comme le mariage ?

ARGAN. — Quoi qu'il en soit, mon frère, elle sera religieuse, c'est une chose résolue.

BÉRALDE. — Vous voulez faire plaisir à quelqu'un.

ARGAN. — Je vous entends : vous en revenez toujours là, et ma femme vous tient au cœur.

BÉRALDE. — Hé bien ! oui, mon frère, puisqu'il faut parler à cœur ouvert, c'est votre femme que je veux dire ; et non plus que l'entêtement de la médecine, je ne puis vous offrir l'entêtement où vous êtes pour elle, et voir que vous donniez tête baissée dans tous les pièges qu'elle vous tend.

TOINETTE. — Ah ! Monsieur, ne parlez point de Madame : c'est une femme sur laquelle il n'y a rien à dire, une femme sans artifice, et qui aime Monsieur, qui l'aime... on ne peut pas dire cela.

ARGAN. — Demandez-lui un peu les caresses qu'elle me fait.

TOINETTE. — Cela est vrai.

ARGAN. — L'inquiétude que lui donne ma maladie.

TOINETTE. — Assurément.

ARGAN. — Et les soins et les peines qu'elle
prend autour de moi.

TOINETTE. — Il est certain. Voulez-vous que je
vous convainque, et vous fasse voir tout à
l'heure comme Madame aime Monsieur ? Monsieur, souffrez que je lui montre son bec jaune,
et le tire d'erreur.

ARGAN. — Comment ?

TOINETTE. — Madame s'en va revenir. Mettez-
vous tout étendu dans cette chaise, et contre-
faites le mort. Vous verrez la douleur où elle
sera, quand je lui dirai la nouvelle.

ARGAN. — Je le veux bien.

TOINETTE. — Oui ; mais ne la laissez pas longtemps dans le désespoir, car elle en pourrait
bien mourir.

ARGAN. — Laisse-moi faire.

TOINETTE , *à Béralde.* — Cachez-vous, vous,
dans ce coin-là.

ARGAN. — N'y a-t-il point quelque danger à
contrefaire le mort ?

TOINETTE. — Non, non : quel danger y aurait-
il ? Étendez-vous seulement. *(Bas.)* Il y aura
plaisir à confondre votre frère. Voici Madame.
Tenez-vous bien.

SCÈNE XII

BÉLINE, TOINETTE, ARGAN, BÉRALDE

TOINETTE *s'écrie.* — Ah, mon Dieu ! Ah ! monsieur ! Quel étrange accident !

BÉLINE. — Qu'est-ce, Toinette ?

TOINETTE. — Ah, Madame !

BÉLINE. — Qu'y a-t-il ?

TOINETTE. — Votre mari est mort.

BÉLINE. — Mon mari est mort ?

TOINETTE. — Hélas ! oui. Le pauvre défunt est trépassé.

BÉLINE. — Assurément ?

TOINETTE. — Assurément. Personne ne sait encore cet accident-là, et je me suis trouvée ici toute seule. Il vient de passer entre mes bras. Tenez, le voilà tout de son long dans cette chaise.

BÉLINE. — Le Ciel en soit loué ! Me voilà délivrée d'un grand fardeau. Que tu es sotte, Toinette, de t'affliger de cette mort !

TOINETTE. — Je pensais, Madame, qu'il fallût pleurer.

BÉLINE. — Va, va, cela n'en vaut pas la peine. Quelle perte est-ce que la sienne ? et de quoi servait-il sur la terre ? Un homme incommode à tout le monde, malpropre, dégoûtant, sans cesse un lavement ou une médecine dans le ventre, mouchant, toussant, crachant toujours, sans esprit, ennuyeux, de mauvaise humeur, fatiguant sans cesse les gens, et grondant jour et nuit servantes et valets.

TOINETTE. — Voilà une belle oraison funèbre.

BÉLINE. — Il faut, Toinette, que tu m'aides à exécuter mon dessein, et tu peux croire qu'en me servant ta récompense est sûre. Puisque, par un bonheur, personne n'est encore averti de la chose, portons-le dans son lit, et tenons cette mort cachée, jusqu'à ce que j'aie fait mon affaire. Il y a des papiers, il y a de l'argent dont je veux me saisir, et il n'est pas juste que j'aie passé sans fruit auprès de lui mes plus belles années. Viens, Toinette, prenons auparavant toutes ses clefs.

ARGAN , *se levant brusquement*. — Doucement.

BÉLINE , *surprise et épouvantée*. — Ahy !

ARGAN. — Oui, Madame ma femme, c'est ainsi que vous m'aimez ?

TOINETTE. — Ah, ah ! le défunt n'est pas mort.

ARGAN , *à Béline, qui sort.* — Je suis bien aise de voir votre amitié, et d'avoir entendu le beau panégyrique que vous avez fait de moi. Voilà un avis au lecteur qui me rendra sage à l'avenir, et qui m'empêchera de faire bien des choses.

BÉRALDE , *sortant de l'endroit où il était caché.* — Hé bien ! mon frère, vous le voyez.

TOINETTE. — Par ma foi ! Je n'aurais jamais cru cela. Mais j'entends votre fille : remettez-vous comme vous étiez, et voyons de quelle manière elle recevra votre mort. C'est une chose qu'il n'est pas mauvais d'éprouver ; et puisque vous êtes en train, vous connaîtrez par là les sentiments que votre famille a pour vous.

SCÈNE XIII

ANGÉLIQUE, ARGAN, TOINETTE, BÉRALDE

TOINETTE *s'écrie.* — O Ciel ! ah ! fâcheuse aventure ! Malheureuse journée !

ANGÉLIQUE. — Qu'as-tu, Toinette, et de quoi pleures-tu ?

TOINETTE. — Hélas ! j'ai de tristes nouvelles à vous donner.

ANGÉLIQUE. — Hé quoi ?

TOINETTE. — Votre père est mort.

ANGÉLIQUE. — Mon père est mort, Toinette ?

TOINETTE. — Oui ; vous le voyez là. Il vient de mourir tout à l'heure d'une faiblesse qui lui a pris.

ANGÉLIQUE. — O Ciel ! quelle infortune ! quelle atteinte cruelle ! Hélas ! faut-il que je perde mon père, la seule chose qui me restait au monde ? et qu'encore, pour un surcroît de désespoir, je le perde dans un moment où il était irrité contre moi ? Que deviendrai-je, malheureuse, et quelle consolation trouver après une si grande perte ?

SCÈNE XIV ET DERNIÈRE

CLÉANTE, ANGÉLIQUE, ARGAN, TOINETTE, BÉRALDE

CLÉANTE. — Qu'avez-vous donc, belle Angélique ? et quel malheur pleurez-vous ?

ANGÉLIQUE. — Hélas ! je pleure tout ce que dans la vie je pouvais perdre de plus cher et de plus précieux : je pleure la mort de mon père.

CLÉANTE. — O Ciel ! quel accident ! quel coup inopiné ! Hélas ! après la demande que j'avais conjuré votre oncle de lui faire pour moi, je venais me présenter à lui, et tâcher par mes respects et par mes prières de disposer son cœur à vous accorder à mes vœux.

ANGÉLIQUE. — Ah ! Cléante, ne parlons plus de rien. Laissons là toutes les pensées du mariage. Après la perte de mon père, je ne veux plus être du monde, et j'y renonce pour jamais. Oui, mon père, si j'ai résisté tantôt à vos volontés, je veux suivre du moins une de vos intentions, et réparer par là le chagrin que je m'accuse de vous avoir donné. Souffrez, mon père, que je vous en donne ici ma parole, et que je vous embrasse pour vous témoigner mon ressentiment.

ARGAN *se lève*. — Ah, ma fille !

ANGÉLIQUE , *épouvantée*. — Ahy !

ARGAN. — Viens. N'aie point de peur, je ne suis pas mort. Va, tu es mon vrai sang, ma véritable fille ; et je suis ravi d'avoir vu ton bon naturel.

ANGÉLIQUE. — Ah ! quelle surprise agréable, mon père ! Puisque par un bonheur extrême le Ciel vous redonne à mes vœux, souffrez qu'ici je me jette à vos pieds pour vous supplier d'une chose. Si vous n'êtes pas favorable au penchant de mon cœur, si vous me refusez Cléante pour époux, je vous conjure au moins de ne me point forcer d'en épouser un autre. C'est toute la grâce que je vous demande.

CLÉANTE *se jette à genoux.* — Eh ! Monsieur, laissez-vous toucher à ses prières et aux miennes, et ne vous montrez point contraire aux mutuels empressements d'une si belle inclination.

BÉRALDE. — Mon frère, pouvez-vous tenir là contre ?

TOINETTE. — Monsieur, serez-vous insensible à tant d'amour ?

ARGAN. — Qu'il se fasse médecin, je consens au mariage. Oui, faites-vous médecin, je vous donne ma fille.

CLÉANTE. — Très volontiers, Monsieur : s'il ne tient qu'à cela pour être votre gendre, je me ferai médecin, apothicaire même, si vous voulez. Ce n'est pas une affaire que cela, et je ferais bien d'autres choses pour obtenir la belle Angélique.

BÉRALDE. — Mais, mon frère, il me vient une pensée : faites-vous médecin vous-même. La commodité sera encore plus grande, d'avoir en vous tout ce qu'il vous faut.

TOINETTE. — Cela est vrai. Voilà le vrai moyen de vous guérir bientôt ; et il n'y a point de maladie si osée, que de se jouer à la personne d'un médecin.

ARGAN. — Je pense, mon frère, que vous vous moquez de moi : est-ce que je suis en âge d'étudier ?

BÉRALDE. — Bon, étudier ! Vous êtes assez savant ; et il y en a beaucoup parmi eux qui ne sont pas plus habiles que vous.

ARGAN. — Mais il faut savoir bien parler latin, connaître les maladies, et les remèdes qu'il y faut faire.

BÉRALDE. — En recevant la robe et le bonnet de médecin, vous apprendrez tout cela, et vous serez après plus habile que vous ne voudrez.

ARGAN. — Quoi ? l'on sait discourir sur les maladies quand on a cet habit-là ?

BÉRALDE. — Oui. L'on n'a qu'à parler avec une robe et un bonnet, tout galimatias devient savant, et toute sottise devient raison.

TOINETTE. — Tenez, Monsieur, quand il n'y aurait que votre barbe, c'est déjà beaucoup, et la barbe fait plus de la moitié d'un médecin.

CLÉANTE. — En tout cas, je suis prêt à tout.

BÉRALDE. — Voulez-vous que l'affaire se fasse tout à l'heure ?

ARGAN. — Comment tout à l'heure ?

BÉRALDE. — Oui, et dans votre maison.

ARGAN. — Dans ma maison ?

BÉRALDE. — Oui. Je connais une Faculté de mes amies, qui viendra tout à l'heure en faire la cérémonie dans votre salle. Cela ne vous coûtera rien.

ARGAN. — Mais moi, que dire, que répondre ?

BÉRALDE. — On vous instruira en deux mots, et l'on vous donnera par écrit ce que vous devez dire. Allez-vous-en vous mettre en habit décent, je vais les envoyer quérir.

ARGAN. — Allons voyons cela.

CLÉANTE. — Que voulez-vous dire, et qu'entendez-vous avec cette Faculté de vos amies... ?

TOINETTE. — Quel est donc votre dessein ?

BÉRALDE. — De nous divertir un peu ce soir.

Les comédiens ont fait un petit intermède de la réception d'un médecin, avec des danses et de la musique ; je veux que nous en prenions ensemble le divertissement, et que mon frère y fasse le premier personnage.

ANGÉLIQUE. — Mais mon oncle, il me semble que vous vous jouez un peu beaucoup de mon père.

BÉRALDE. — Mais, ma nièce, ce n'est pas tant le jouer que s'accommoder à ses fantaisies. Tout ceci n'est qu'entre nous. Nous y pouvons aussi prendre chacun un personnage, et nous donner ainsi la comédie les uns aux autres. Le carnaval autorise cela. Allons vite préparer toutes choses.

CLÉANTE, *à Angélique.* — Y consentez-vous ?

ANGÉLIQUE. — Oui, puisque mon oncle nous conduit.

TROISIÈME INTERMÈDE

C'est une cérémonie burlesque d'un homme qu'on fait médecin en récit, chant et danse.

ENTRÉE DE BALLET

Plusieurs tapissiers viennent préparer la salle et placer les bancs en cadence ; ensuite de quoi toute l'assemblée (composée de huit porte-seringues, six apothicaires, vingt-deux docteurs, celui qui se fait recevoir médecin, huit chirurgiens dansants, et deux chantants) entre, et prend ses places, selon les rangs.

PRÆSES

Sçavantissimi doctores,
Medicinæ professores,
Qui hic assemblati estis,
Et vos, altri Messiores,
Sententiarum Facultatis
Fideles executores,
Chirurgiani et apothicari,

Atque tota compania aussi,
    Salus, honor, et argentum,
    Atque, bonum appetitum.

    Non possum, docti Confreri,
    En moi satis admirari
    Qualis bona inventio
    Est medici professio,
Quam bella chosa est, et bene trovata,
    Medicina illa benedicta,
    Quae suo nomine solo,
    Surprenanti miraculo,
    Depuis si longo tempore,
    Facit à gogo vivere
    Tant de gens omni genere.

    Per totam terram videmus
    Grandam vogam ubi sumus,
    Et quod grandes et petiti
    Sunt de nobis infatuti.
    Totus, mundus, currens ad nostros reme-
dios,

    Nos regardat sicut Deos ;
    Et nostris ordonnanciis
Principes et reges soumissos videtis.

    Donque il est nostræ sapientiæ,
    Boni sensus atque prudentiæ,
    De fortement travaillare
    A nos bene conservare
In tali credito, voga, et honore,
Et prandere gardam à non recevere
    In nostro docto corpore
    Quam personas capabiles,
    Et totas dignas ramplire
    Has plaças honorabiles.

C'est pour cela que nunc convocati estis :
    Et credo quod trovabitis

Dignam matieram medici
In sçavanti homine que voici,
Lequel, in chosis omnibus,
Dono ad interrogandum,
Et à fond examinandum
Vostris capacitatibus.

PRIMUS DOCTOR

Si mihi licenciam dat Dominus Præses,
Et tanti docti Doctores,
Et assistantes illustres,
Très sçavanti Bacheliero,
Quem estimo et honoro,
Domandabo causam et rationem quare
Opium facit dormire.

BACHELIERUS

Mihi a docto Doctore
Domandatur causam et rationem quare
Opium facit dormire :
A quoi respondeo,
Quia est in eo
Virtus dormitiva,
Cujus est natura
Sensus assoupire.

CHORUS

Bene, bene, bene, bene respondere :
Dignus, dignus est entrare
In nostro docto corpore.

SECUNDUS DOCTOR

Cum permissione Domini Præsidis,
Doctissimæ Facultatis,
Et totius his nostris actis
Companiæ assistantis,
Domandabo tibi, docte Bacheliere,

Quæ sunt remedia
Quæ in maladia
Ditte hydropisia
Convenit facere.

BACHELIERUS

Clysterium donare,
Postea seignare,
Ensuitta purgare.

CHORUS

Bene, bene, bene, bene respondere.
Dignus, dignus est entrare
In nostro docto corpore.

TERTIUS DOCTOR

Si bonum semblatur Domino Præsidi,
Doctissimæ Facultati,
Et companiæ præsenti,
Domandabo tibi, docte Bacheliere,
Quæ remedia eticis,
Pulmonicis, atque asmaticis,
Trovas à propos facere.

BACHELIERUS

Clysterium donare,
Postea seignare,
Ensuitta purgare.

CHORUS

Bene, bene, bene, bene respondere :
Dignus, dignus est entrare
In nostro docto corpore.

QUARTUS DOCTOR

Super illas maladias
Doctus Bachelierus dixit maravillas,

Mais si non ennuyo Dominum Præsidem,
　　Doctissimam Facultatem,
　　Et totam honorabilem
　　Companiam ecoutantem,
　　Faciam illi unam quæstionem.
　　De hiero maladus unus
　　Tombavit in meas manus :
Habet grandam fievram cum redoublamen-
tis,

　　Grandam dolorem capitis,
　　Et grandum malum au costé,
　　Cum granda difficultate
　　Et pœna de respirare :
　　Veillas mihi dire,
　　Docte Bacheliere,
　　Quid illi facere ?

BACHELIERUS

Clysterium donare,
　　Postea seignare,
　　Ensuitta purgare.

QUINTUS DOCTOR

Mais si maladia
Opiniatria
Non vult se garire,
Quid illi facere ?

BACHELIERUS

Clysterium donare,
　　Postea seignare,
　　Ensuitta purgare.

CHORUS

Bene, bene, bene, bene respondere :
　　Dignus, dignus est entrare
　　In nostro docto corpore.

PRAESES

Juras gardare statuta
Per Facultatem praescripta
Cum sensu et jugeamento ?

BACHELIERUS

Juro [1].

PRAESES

Essere, in omnibus
Consultationibus,
Ancieni aviso,
    Aut bono,
Aut mauvaiso ?

BACHELIERUS

Juro.

PRAESES

De non jamais te servire
De remediis aucunis
Quam de ceux seulement doctae Facultatis,
Maladus dust-il crevare,
Et mori de suo malo ?

BACHELIERUS

Juro.

PRAESES

Ego, cum isto boneto
Venerabili et docto,
Dono tibi et concedo
Virtutem et puissanciam

1. C'est à ce moment que Molière eut un crachement de sang lors de la quatrième représentation de la pièce.

Medicandi,
Purgandi,
Seignandi,
Perçandi,
Taillandi,
Coupandi
Et occidendi
Impune per totam terram.

ENTRÉE DE BALLET

*Tous les Chirurgiens et Apothicaires viennent lui faire
la révérence en cadence.*

BACHELIERUS

Grandes doctores doctrinae
De la rhubarbe et du séné,
Ce serait sans douta à moi chosa folla,
Inepta et ridicula,
Si j'alloibam m'engageare,
Volis louangeas donare,
Et entreprenoibam adjoutare
Des lumieras au soleillo,
Et des étoilas au cielo,
Des ondas à l'Oceano,
Et des rosas au printanno.
Agreate qu'avec uno moto,
Pro toto remercimento,
Rendam gratiam corpori tam docto.
Vobis, vobis debeo
Bien plus qu'à naturae et qu'à patri meo :
Natura et pater meus
Hominem me habent factum ;
Mais vos me, ce qui est bien plus,
Avetis factum medicum,
Honor, favor, et gratia
Qui, in hoc corde que voilà,
Imprimant ressentimenta
Qui dureront in secula.

CHORUS

Vivat, vivat, vivat, vivat, cent fois vivat
Novus Doctor, qui tam bene parlat !
Mille, mille annis et manget et bibat,
Et seignet et tuat !

ENTRÉE DE BALLET

Tous les Chirurgiens et les Apothicaires dansent au son des instruments et des voix, et des battements de mains, et des mortiers d'apothicaires.

CHIRURGUS

Puisse-t-il voir doctas
Suas ordonnancias
Omnium chirurgorum
Et apothiquarum
Remplire boutiquas !

CHORUS

Vivat, vivat, vivat, vivat, cent fois vivat
Novus Doctor, qui tam bene parlat !
Mille, mille annis et manget et bibat,
Et seignet et tuat !

CHIRURGUS

Puissent toti anni
Lui essere boni
Et favorabiles,
Et n'habere jamais
Quam pestas, verolas,
Fievras, pluresias,
Fluxus de sang, et dyssenterias !

CHORUS

Vivat, vivat, vivat, vivat, cent fois vivat
Novus Doctor, qui tam bene parlat !

Mille, mille annis et manget et bibat,
    Et seignet et tuat !

DERNIÈRE ENTRÉE DE BALLET

TABLE DES MATIÈRES

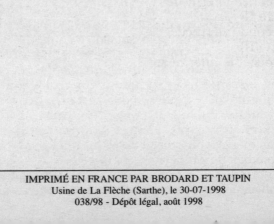

IMPRIMÉ EN FRANCE PAR BRODARD ET TAUPIN
Usine de La Flèche (Sarthe), le 30-07-1998
038/98 - Dépôt légal, août 1998